작은 가게의 돈 버는 디테일

일러두기

한국 독자들의 이해를 돕기 위해 원화 환산 환율은 1엔당 10원으로 통일하여
원화로만 표기하였다.

작은 가게의 돈 버는 디테일

다카이 요코 지음 | 동소현 옮김

다산3.0

돈 버는 일에도 디테일이 필요하다

"어째서 나만 돈을 못 버는 걸까?"

지금 이런 생각에 빠져 있지는 않나요? '아무리 노력해도 만족할 만한 결과가 나오지 않는다', '처음에는 뭐든지 해낼 수 있을 것 같았지만, 지금은 포기하고 싶은 마음뿐이다', '돈을 번다는 게 얼마나 어려운 일인지 깨달았다', '돈을 벌려고 했던 것 자체가 나쁜 일은 아니었나' 하는 비관적인 생각이 들지는 않나요?

이런 마음으로 괴로워하는 분들에게 드리고 싶은 말이 있습니다.

경영이란 노력한다고 수익이 나는 게 아니다.
돈이 벌리는 구조를 알아야만 돈을 손에 쥘 수 있다.

"아니, 돈이 벌리는 구조라고요? 그런 게 있다면 지금 당장 알려주시죠!"

서점에서 이 책을 집어 든 분들의 재촉하는 소리가 들리는 것 같습니다. 맞습니다. 대부분 사람은 '돈이 벌리는 구조'가 있다는 사실조차 모릅니다. 하지만 바둑에 정석이 있는 것처럼 사업에도 이기기 위한 묘수가 있습니다. 물론 우연히 승리를 거머쥐는 억세게 운 좋은 사업가도 있겠지만, 그런 사람에게도 같은 행운이 두 번 찾아오지는 않습니다.

잘나가는 기업에는 돈 버는 비결, 즉 특별한 비즈니스 모델이 존재합니다. 그리고 그에 따른 전략 역시 충실하게 갖춰져 있습니다.

저는 자영업을 하는 부모님 밑에서 나고 자랐습니다. 어렸을 때부터 항상 장사하는 모습을 보고 배우면서 자란 셈입니다. 20대 후반에는 컨설턴트로 일하면서 다 쓰러져가는 기업을 기사회생시킨 적도 있습니다. 단 3년 만에 연 매출 제로에서 700억 원으로 올려놓았지요.

현재 저는 경영자와 간부들을 대상으로 '비즈니스 모델 강좌'를 주최하는 주식회사 채러티(CARITY)의 대표를 맡고 있습니다. 창업 후 지금까지 3년간 500개 이상 기업의 경영자와 간부들을 고객으로 모셨고, 그들과 지속해서 교류해왔습니다.

일본열도의 북단에 있는 홋카이도에서 남단에 있는 오키나와에 이르기까지 많은 기업이 세미나에 참가하고 있습니다. 그중에는 그 지역에서는 모르는 사람이 없을 정도로 크게 성공한 지역 밀착형 기업의 경영자도 있고, 대대로 물려받은 사업을 본인의 대(代)에서 좀 더 발전시키고 싶은 경영자, 아무것도 없는 백지상태에서 새로 사업을 시작해보고 싶다는 분도 있습니다. 회사에 따라 연 매출 규모는 제로에서 조(兆) 단위에 이르기까지 다양합니다.

세미나에 참가했던 기업 중 연 매출이 40억 원 이상인 곳이 있었습니다. 그 기업은 세미나 이후 1년이 아니라 한 달 매출이 40억 원 수준으로 급상승했는데, 그야말로 열두 배의 성장세를 보였습니다. 단 몇 개월 만에 매출 두 배를 달성한 기업도 있었습니다. 이러한 비약적 성장이 가능한 이유는 돈이 벌리는 비즈니스 모델을 분명하게 인식하고, 착실하게 실천했기 때문입니다.

제게 사업이란 매우 흥미로운 일입니다. 구조에 대해 조금만 생각하면 돈 버는 일은 그다지 어렵지 않습니다.

하지만 경영자 중에는 사업에 대해 너무 복잡하게 생각하거나, 숫자에 약해 회계를 어려워하는 등 돈 버는 방법을 잘 모르는 사람이 많습니다. 또 조금만 발상을 전환하고 행동을 바꾸면 훨씬 더 많은 이익을 얻을 수 있는데, 그렇게 하지 못해 안타까운 사례도 있습니다.

그래서 저는 제가 직접 고안한 '돈이 벌리는 비즈니스 모델'을 만드는 방법에 대해 쉽게 알려주고 싶었습니다. 더 많은 사람이 돈 버는 기쁨을 맛보길 바랐습니다. 그러면 비즈니스 모델을 진지하게 고민하지 않고 무작정 창업해서 경영난을 겪는 사람이 줄어들 것으로 생각했습니다. 이것이 바로 이 책을 쓰게 된 이유입니다.

재미있게 술술 잘 읽히게 하려고 등장인물을 만들고 이야기를 엮었습니다. 그리고 그 이야기 안에 실제로 큰돈을 벌고 있는 기업의 사례를 최대한 담으려고 노력했습니다. 이 책에 등장하는 기업의 사장님들은 제가 평소에 여러모로 신세를 지고 있는 훌륭한 경영자 몇 분을 모델로 삼아서 만든 캐릭터입니다.

이 책을 읽으면 누구나 '이렇게 하면 돈을 벌 수 있구나!' 하는 작은 깨달음을 얻게 될 것입니다. 그리고 당신이 만약 사업가라면 '나도 할 수 있어!'라는 마음과 함께 에너지가 충만해지는 걸 느끼면서 머릿속에는 기발한 아이디어가 번뜩이게 될 것입니다. 회사에 다니는 직장인이라면 지금 현재 잘나가는 기업에는 어떤 뛰어난 비즈니스 모델이 있는지 알게 될 것입니다. 자신도 모르는 사이에 회사의 수익 창출에 이바지해왔다는 사실을 발견하고 뿌듯해할 수도 있습니다. 그러면서 이 책에 소개된 기업의 비즈니스 모델이 얼마나 뛰어난지 그 탁월함에 감탄하게 될 것입니다.

부디 이 책에 등장하는 폐업 직전에 몰린 카페 주인 마에시바 요스케와 함께 새로운 세상으로 연결된 문을 열어보기 바랍니다.

'사실 돈 버는 건, 별로 어렵지 않은 일'이니까요.

다카이 요코

제7장 경쟁의 한가운데로 과감히 들어가다
삿포로의 가장 낡은 건물에서 맛있는 수프카레

제1장

삼중고에 빠진 카페

도쿄타워 뒷골목 가게는 왜 장사가 안 될까?

⋮

꿈의 도시 도쿄에서
카페를 개업하다

도쿄 미나토[港] 구. 밤이 깊어지면 정적이 깔리는 사무실 밀집 지역 한 구석에 '그 가게'는 자리하고 있었다. 가게 이름은 '카페 보텀'.

마에시바 요스케가 이 가게를 개업한 지 2년이 지났다. 약 2년 반전 어느 날, 부동산에서 인테리어 등 제반 시설을 갖춘 커피숍을 인수할 사람을 찾고 있었다. 사업장에 거의 손을 대지 않아도 되고, 인수하자마자 바로 영업을 시작할 수 있다면야 고마운 일인지라 요스케는 한걸음에 가게를 보러 갔다.

그날 가까운 지하철역 출구에서 나와 지상으로 올라왔을 때, 요스케의 눈에 가장 먼저 들어온 것은 우뚝 솟은 '도쿄타워'의 모습이었다. 요스케는 마치 거인의 발치에서 얼굴을 올려다보는 어린아이처럼 턱을 위로 치켜들고 입을 떡 하니 벌린 채 도쿄타워를 바라보았다.

"크긴 크구나, 도쿄타워……."

홋카이도에서 고등학교를 졸업한 후 전문학교(직업 및 실생활에 필요한 능력을 육성하거나 교양을 쌓기 위한 목적으로 교육을 실시하는 전수 학교의 일종 - 옮긴이)에 진학하기 위해 도쿄에 온 지 어느덧 10년이 흘렀다. 상경하고 얼마 안 되었을 때 딱 한 번 도쿄타워 전망대에 올라간 적이 있었는데, 이렇게 일상생활 속에서 거대하게 솟아 있는 모습을 본 건 처음이었다.

동경해 마지않았던 꿈의 도시 '도쿄'. 그 상징이라고 할 수 있는 도쿄타워를 바라보면서 하루하루를 보낼 수 있다면 인생이 지금까지와는 크게 달라질 것만 같았다. 그 순간 요스케의 마음속에는 희미한 기대감이 서렸다.

'이 두 손으로 반드시 해내고 말겠어.'

그리고 그는 도쿄타워가 보이는 곳에 자신의 가게를 개업하겠다는 결심을 굳혔다. 아내인 아유미도 찬성했다. 전문학교에 다닐 때 처음 만나서 결혼하기까지 아유미에게는 늘 걱정만 끼쳤고 고생만

시켰다. 학교를 졸업한 후에는 입사가 결정되어 있던 회사에 들어가지 않고 아르바이트 자리를 전전하며 지냈다. 편의점, 호프집, 택배기사, 술집 카운터 직원 등 시급만 짭짤하면 메뚜기처럼 여기저기 옮겨 다니면서 일했다. 다소 떳떳하지 못한 일이었지만 아는 사람의 권유로 부동산 브로커 비슷한 직업을 가진 적도 있었다. 그 일이 수입은 가장 좋았다.

이른바 혼전 임신을 이유로 스물다섯의 젊은 나이에 혼인 신고를 했다. 그리고 머지않아 딸 가나가 태어났다. 수입이 좀 괜찮을 때는 앞날은 생각하지 않고 흥청망청 돈을 쓰면서 놀아도 봤지만, 언제까지 그렇게 살 수만은 없었다. 가나는 어느새 초등학교에 입학할 나이가 됐다. 이제라도 안정된 생활을 위해 가장으로서 착실하게 일해야 한다.

마침 그런 생각을 하던 참에 부동산 브로커 시절에 알게 된 중개사가 이 가게에 대한 정보를 귀띔해준 것이다.

"카페라……. 그래, 그것도 괜찮겠는걸."

평소에 요식업에 관심이 있었느냐 하면 그건 아니었다. 그저 요스케는 사람들과 어울리는 것을 좋아하는 성격이었다. 아르바이트로 생활을 이어갈 때도, 부동산 브로커로 일할 때도 많은 사람을 만나고 그들과 이야기를 나누는 게 즐거웠다. 무엇보다 요스케에게는 누군가를 사귀면 어느새 마음의 빗장이 풀리고, 금세 친밀감을 느끼게 하는 재능이 있었다.

또 하나, 요스케에게는 '카레 만들기'라는 취미가 있었다. 취미라기보다는 이제는 거의 '연구'에 가까운 경지에 이르렀다. 아내인 아유미도 폭풍 칭찬을 아끼지 않는 메뉴, 수프카레(일본의 카레 요리 중 하나. 홋카이도의 도시 삿포로에서 처음 선보였으며, 일반 카레보다 묽고 인도와 동남아의 향신료를 사용해서 만든 독특한 풍미가 특징이다 - 옮긴이)다. 홋카이도에서 고등학교에 다닐 때부터 연구에 연구를 거듭하면서 만든 음식이다. 집에서 직접 만들었는데, 시행착오의 연속이었다. 양념들이 가장 잘 어우러지는 황금 비율, 여기에 적당량의 향신료가 첨가된 담백한 맛의 수프. 큼직하게 썰어 넣은 고기와 채소가 먹음직스럽게 어우러지면서 수프 맛과 절묘한 조화를 이루는 것이 특징이다.

요즘에야 수프카레가 홋카이도를 대표하는 명물로 손꼽히지만, 지역에서 유명해지기 전부터 요스케에게 이 요리는 각별한 의미가 있었다.

"나는 수프카레가 지금처럼 유행하기 전부터 만들기 시작한 사람이야."

요스케는 이렇게 말할 정도로 자신의 요리에 자부심이 있었다. 바로 이 수프카레를 메인 메뉴로 삼아 카페를 시작하면 분명 대박이 날 것 같았다. 그가 이렇게 생각한 이유는 도쿄에서 수프카레를 파는 음식점을 거의 못 봤기 때문이다. 젊은이들의 거리인 시모기

타자와[下北沢]에 몇 곳이 몰려 있을 뿐이다.

하지만 수프카레는 젊은이들뿐 아니라 남녀노소를 불문하고 전 연령대에 충분히 사랑받을 만한 메뉴다. 그러니까 사무실이 밀집된 이 지역에서도 샐러리맨들을 위한 점심 메뉴로 내놓으면 분명히 잘 팔릴 거라고 요스케는 확신했다. 그렇게 결단을 내리자마자 곧바로 행동에 옮겼다.

'심기일전하여 가족 모두가 하나가 돼서 열심히 해보는 거야.'

요스케는 장밋빛 희망으로 가득 찬 미래가 금방이라도 눈앞에 펼쳐질 것만 같았다.

그로부터 2년이 지났다. 어디서부터 잘못된 것일까.

자정 12시. 어스름한 조명 불빛, 어두침침한 분위기의 가게 안에는 커피 한 잔을 시켜 놓고 한 시간 반이 넘도록 죽치고 앉아 있는 남자 손님과 카운터 테이블 안쪽에 서 있는 가게 주인 요스케가 전부였다.

금전 출납기 옆에 아무렇게나 꽂아 놓은 각종 고지서 다발을 보면서 요스케는 긴 한숨을 내쉬었다. 월말에 이런저런 대금을 결산해야 한다고 생각하니 벌써 머리가 지끈거렸다.

'이렇게 열심히 노력하고 있는데, 왜 돈이 벌리지 않는 걸까. 가나는 잘 지내고 있을까. 아유미는 아직도 화가 안 풀린 건가……'

아유미는 반년 전에 딸 가나를 데리고 친정으로 가버렸다. 외톨

이가 된 요스케는 결국 그때까지 살던 아파트를 비우고 나올 수밖에 없었고, 지금은 가게에 딸린 작은 골방에서 먹고 자는 신세가 되었다.

요스케는 다시 한 번 작은 한숨을 내쉬었다.

2년 만에 폐업 직전의
위기를 맞다

'원래는 새벽 2시까지 영업시간이지만 오늘은 그냥 저 손님만 나가면 가게 문을 닫아버릴까. 아니야. 단골손님인 출판사 편집장이 새벽 1시 즈음에 가볍게 한잔 하려고 찾아올지도 몰라. 역시 조금 더 버텨볼까.'

요스케가 이렇게 생각한 순간, 가게 문이 열렸다. 자주 들르던 출판사 편집장은 아니었다. 씩씩하게 가게 문을 열고 들어선 사람은 여자 손님이었다. 나이는 40대 중반쯤 됐으려나. 얼굴은 나이보다 젊어 보였다. 어깨에 닿을락 말락 할 정도의 길이에 풍성한 느낌을 살려서 커트한 보브 단발 헤어스타일, 부드러운 소재로 된 초록색 원피스 위에 크림색 재킷을 걸쳤다. 타조 가죽으로 만든 고급 토트백 지퍼 사이로 두꺼운 서류 다발이 삐져나와 있다. 한 손으로는 검은색 여행용 가방을 끌고 있었다.

'상당한 멋쟁이로군.'

요스케가 여자 손님에게서 받은 첫인상이었다. 짐이 많은 거로 봐서 어디 여행이라도 갔다가 돌아오는 길인가 싶었다.

"아아, 다행이다. 아직 문을 연 가게가 있어서. 이 동네는 이 시간이면 거의 문을 닫거든요."

이렇게 말하면서 여자는 조금도 머뭇거리는 기색 없이 카운터 테이블 정중앙 좌석에 자리를 잡고 앉았다.

"어서 오세요. 어디 여행 다녀오시나 봐요."

요스케가 물수건을 건네주면서 미소 띤 얼굴로 맞이하자 여자는 요스케의 눈을 가만히 바라보더니 이내 살짝 웃었다.

"출장 다녀오는 거예요. 사무실에 들러서 남은 일을 좀 했더니 이 시간이 되었지 뭐예요. 오늘은 점심부터 걸렀어요. 뭔가 가볍게 요기할 만한 게 있을까요?"

그렇게 말하면서 여자는 가게 내부를 둘러보고 나서 다시 요스케 쪽으로 얼굴을 돌렸다. 그리고 요스케가 메뉴판을 건네주자 사뭇 진지한 얼굴로 들여다봤다.

'뭘 저렇게 진지하게 보는 걸까……?'

"이 가게, 예전에도 여기 있었나요?"

"네. 그럭저럭 2년째 돼갑니다."

"그래요? 몰랐네요. 이쪽으로 이사 온 지 세 달이 됐는데, 원래는 이 길 말고 바로 옆길로 다니거든요."

"근처에 사시나 봐요?"

"저기 보이는 고층아파트에 살아요. 그런데 이 동네는 가게가 다 일찍 문을 닫아서 밤에 요기할 곳을 찾기가 힘들어요."

"그렇죠. 11시 정도 되면 저희 가게 말고는 다 닫으니까요."

"몇 시까지 영업하세요?"

"새벽 2시까지 합니다."

"개점 시간은요?"

"오전 8시예요. 아침을 드시러 오는 분이 많아서요."

"새벽 2시에 문을 닫고 오전 8시에 연다고요? 그럼 잠은 언제 자나요?"

가볍게 웃으며 건넨 여자의 말에 맞장구치듯 함께 웃었지만 요스케는 문득 생각했다.

'그렇구나. 이렇게 잠자는 시간도 줄이면서 매일같이 열심히 일했는데, 그런데 왜…….'

"이 동네라면 임대료도 꽤 높을 텐데요. 벌어서 월세 내는 것만으로도 벅차실 것 같은데, 왜 굳이 여기에 가게를 내셨어요?"

요스케의 심정을 꿰뚫어본 듯한 질문이었다. 요스케는 한순간 말문이 막혀 그 자리에 얼어붙었다.

'왜냐고 묻는다면……'

"그래도 전 이 동네치고는 싸고 좋은 조건으로 들어온 편이에요. 그리고 개인적으로 도쿄타워 근처라는 게 마음에 들기도 했고요."

"음, 혹시 고향이 지방이에요?"

"홋카이도의 아사히카와[旭川]인데요. 혹시 아세요? 아사히카와 동물원이 있는 곳이에요."

"아아, 그래서 도쿄타워에 대한 동경이 남다른 거군요."

마음속에 담아두었던 도쿄타워에 대한 생각을 단 한마디로 정의해버리는 듯한 여자의 말투에 요스케는 약간 불쾌한 기분이 들었다.

'그래. 도쿄타워를 동경하는 시골 촌뜨기, 그게 바로 나요. 그래서 뭐 문제라도 있습니까?'

속으로는 그렇게 생각했지만 요스케는 여자가 자신의 기분을 알아차리지 못하도록 일부러 그의 트레이드 마크라고 할 수 있는 '접대용 미소'를 지었다.

"뭐, 그런 셈이네요."

손님들에게 호감을 느끼게 하는 접대용 미소를 지으면 요스케의 웃는 입매에는 덧니가 살짝 드러나면서 뺨에 보조개가 생긴다. 가게 주인이 너무 어려 보이면 손님들이 얕잡아 볼까 봐 일부러 수염까지 길렀지만 이렇게 웃으면 가끔 귀엽다는 말을 듣기도 한다.

그러나 여자는 그런 요스케의 미소에는 조금도 관심이 없는 듯한 표정으로 이번에는 메뉴에 대해서 질문했다.

"메뉴도 여러 종류가 있네요. 오므라이스, 햄버그스테이크, 나폴리탄 소스와 카르보나라 소스로 만든 스파게티, 해산물이 든 토마토 수프도 있네요. 어라? 피자, 핫케이크, 마파두부 덮밥에 닭고기 달걀 덮밥, 거기에 우동까지? 이 메뉴를 다 만드는 거예요?"

"네, 단골손님들이 원하는 대로 메뉴에 넣어봤더니 그렇게 많아졌어요."

"단골손님이요?"

"이 근처 사무실에서 많이들 오세요. 회의가 늦어지거나 밤늦게까지 야근하고 나서 들르는 분들이 많거든요."

"……그렇군요."

여자는 메뉴판에서 눈을 떼더니 가게 구석에 혼자 앉아 커피를 마시는 남자를 흘깃 쳐다봤다.

"주문은 어떤 거로 하시겠어요?"

까맣게 잊고 있었다는 듯이 여자가 요스케 쪽으로 시선을 돌렸다.

"아아, 그렇죠. 뭔가 먹으려던 참이었죠."

"우리 집 메뉴 중에서는 수프카레가 제일 유명해요."

그 말을 듣자마자 여자는 눈을 동그랗게 뜨더니 카랑카랑한 목소리로 말했다.

"카레요? 이런 한밤중에 그런 걸 먹으면 소화가 되겠어요?"

'아아, 이 손님도 자기 생각을 여과 없이 말해버리는 유형이구나. 조금 전에 분명히 배가 고프다고 해 놓고서는……. 늘 느끼는 거지만 여자들은 왜 앞뒤가 안 맞는 소리를 저렇게 아무렇지 않게 하는 걸까.'

"그렇겠네요. 좀 더 가벼운 거로 드시려면……."

여기까지 말하고 요스케가 다시 메뉴판을 덮으려 하자 여자는 또박또박한 어조로 이렇게 말했다.

"잠깐만요. 그냥 그거 주세요. 지금 너무 배가 고프거든요. 하루 정도는 뭐 괜찮겠지요."

여자는 요스케를 향해 살짝 미소를 지었다. 이번에는 천진난만한 어린아이 같은 느낌을 주는 상냥한 웃음이었다. 요스케는 어쩐지 조금 마음이 놓이는 것 같았다.

"감사합니다."

"그리고요."

여전히 상냥한 웃음을 띤 채로 여자는 카운터 테이블 너머에 있는 요스케의 얼굴에 자신의 얼굴이 닿을 만큼 가까이 다가와서는 말했다.

"그렇게 자신 있는 메뉴라면 좀 더 자신감 넘치는 태도로 추천해야죠."

'뭐, 뭐지 이건.'

생각지도 못한 말을 들어서였을까, 아니면 갑자기 여자가 얼굴을 가까이 들이대서였을까. 요스케는 심장이 '쿵' 하고 내려앉으면서 현기증을 느꼈다. 여자는 그런 요스케를 똑바로 바라보고 있었지만, 그의 동요하는 모습에는 전혀 개의치 않는다는 태도로 아까처럼 또랑또랑한 목소리로 질문을 던졌다.

"이 가게, 꾸려가기 힘드시죠?"

"네?"

갑자기 날아든 직구에 강타당한 요스케는 너무 놀란 나머지 손님 앞이라는 사실을 망각할 만큼 순간 평정심을 잃었다.

'대체 뭐하는 여자지? 왜 아까부터 가게 안을 흘깃거리고 메뉴판을 샅샅이 분석하는 걸까?'

요스케는 당황하는 모습을 최대한 들키지 않으려고 노력하면서 대답했다.

"뭐, 이 주변 임대료가 꽤 높은 수준이니까요."

그렇게 대충 웃음으로 얼버무리려 했지만, 여자에게는 통하지 않았다.

"물론 그 이유도 있겠죠. 하지만 이 메뉴 구성도 문제예요."

"메뉴가요?"

"이렇게 많은 메뉴를 준비하려면 잘 안 나가는 메뉴를 위해서도 재료를 사야 하고, 결국 버리는 재료가 생기게 되겠지요? 그런 걸 '재고 로스'라고 해요. 아마 이 정도 메뉴라면 원가율 50퍼센트 정도는 될 거 같네요. 그보다 사장님, 원가율을 제대로 계산하기는 한 거예요?"

"원가율은 메뉴 가격에서 차지하는 식자재 구매 가격의 비율을 말하는 거죠?"

"맞아요. 일반적으로 음식점의 원가율은 30퍼센트 정도예요. 엄청 간단하게 말하자면 매출액에서 원가를 뺀 금액이 '매출 총이익'이 되는 거잖아요? 그리고 거기에서 임대료 등의 경비를 뺀 금액이 '이익', 바로 이 가게의 '수입'이 되는 거고요. 가게를 운영해서 돈을 벌려면 매출액을 높이거나, 아니면 원가와 경비를 줄이는 게 기본 공식이에요."

"하지만 저는 원가율을 낮춰서 돈을 버는 스타일은 아니라서요. 그만큼 손님들에게 피해가 돌아가는 거잖아요."

요스케로서는 처음으로 간신히 반박 비슷한 의견을 내놓은 셈이었다. 하지만 여자는 오히려 부드러운 어조로 하나하나 설명하듯이 말했다.

"저기요, 사장님. 원가율이 높다는 게 나쁘다는 뜻이 아니에요. 원가율이 높아도 분명한 전략이 있다면 전혀 문제가 되지 않아요."

"전략이라고요?"

"네. 그리고 임대료가 높다는 것도 꼭 나쁜 것만은 아니에요. 목 좋은 곳에 가게를 열어서 잘되는 곳도 얼마든지 있잖아요?"

"하긴 그러네요."

"높은 임대료, 높은 원가율이라고 해도 '돈이 벌리는 구조'가 제대로 갖추어져 있으면 이익을 낼 수 있어요. 하지만 이 가게는 그게 안 되고 있잖아요. 보면 금방 알 수 있어요."

"그게 무슨 말씀이시죠?"

"이 정도 되는 입지 조건에 맞는 임대료와 이 메뉴 구성에 드는 원가율을 가지고 이익을 내려면 무엇보다 '회전율'을 높이는 게 중요하겠지요?"

"회전율이요?"

"손님이 가게에 들어왔다가 음식을 먹고 나가기까지를 1회전이라고 계산하는 거예요. 가게 안의 좌석 수가 50개인데 손님이 50개의 자리를 다 채우면 1회전, 100명의 손님이 왔다 가면 2회전, 이렇게 계산하는 거죠."

여자는 안쪽에 앉아 있는 남자 손님을 흘깃 바라보았다.

"단골손님은 대개 커피 한 잔 시켜 놓고도 오래 앉아 있는 경우가 많죠. 좀처럼 자리를 비워주지 않으니까 다른 손님이 들어와도 앉을 자리가 없어서 결국 회전율이 떨어지게 돼요. 점심에는 최소한 2회전은 돼야 가게가 돌아가는데, 만약 손님이 식후에 커피를 마시면서 한 시간 더 앉아 있으면 전 좌석에 손님이 다 차더라도 1회전밖에 안 되잖아요.

저녁 시간대도 그래요. 단 한 명의 손님을 위해서 새벽 2시까지 가게를 열어두면 전기 요금만 해도 만만치 않을걸요. 아무리 단골 손님이라도 지금 이 가게 상태로 봐서는 별로 반가운 손님은 아니라고 할 수 있어요."

"아, 네……."

'저기요, 손님! 지금 하는 말 남자 손님에게도 들린다고요!'

"그래서 사장님은 그런 상황을 어떻게든 만회하려고 아침 일찍부터 심야 늦은 시간까지 가게를 열어 놓아요. 하지만 이대로라면 높은 임대료, 높은 원가율, 그리고 낮은 회전율이라는 '삼중고'가 계속될 뿐이에요."

삼중고. 요스케의 가슴에 이 세 글자가 날아들더니 가시처럼 콕 박혔다.

'타격이 좀 큰걸……. 반격은커녕 똑바로 서 있기도 힘들어.'

어깨가 축 처진 요스케에게 여자는 통통 튀는 말투로 계속 이야기했다.

회전율을 높이면
이익은 올라간다

"예를 들어 볼게요. 최근 몇 년 전부터 급성장하고 있는 '나의 프렌치([俺のフレン], 일류 요리사가 만든 고급 프랑스 요리를 부담 없는 가격에 즐기는, 서서 먹는 레스토랑. 2016년 현재 도쿄와 요코하마 등에 일곱 개 지점이 있다 - 옮긴이)'라는 가게 아세요?"

"네, 이름은 들어봤어요."

"잘나가는 가게는 그때그때 체크해두는 게 좋아요. 배울 점이 많으니까."

'저기요, 손님. 가고 싶은 마음은 나도 굴뚝같지만 지금 내 형

편에 우아하게 프렌치 요리를 먹으러 갈 시간이 어디 있겠냐고요……'

"'나의 프렌치'의 원가율은 대충 잡아서 60~80퍼센트에 육박해요. 그리고 이 가게는 설령 원가율이 88퍼센트가 되더라도 적자가 나지 않아요."

"네? 아까 원가율은 30퍼센트가 보통 수준이라고 하지 않으셨어요? 88퍼센트라니, 엄청나게 높은 것 같은데요?"

요스케는 자기도 모르게 몸을 앞으로 내밀면서 말했다.

"'나의 프렌치'는 일류 요리사가 고급 식재료를 사용해 요리한다는 점을 특징으로 내세운 가게예요. 당연히 원가율이 높을 수밖에 없죠. 그리고 긴자[銀座]나 아오야마[青山]처럼 목이 좋고 임대료가 비싼 곳에만 지점을 내요."

"그럼 이익은 별로 안 나겠네요?"

"그릇당 단가로 따지면 그렇겠죠. 하지만 이렇게 생각해보세요. 매출이라는 건 단가에 개수를 곱한 금액이잖아요? 한 그릇당 이익이 별로 크지 않더라도 대신 개수를 늘리면 되는 거예요. 이른바 '박리다매'라는 거죠.

하지만 일반적으로 프렌치 요리 전문점에서는 박리다매가 가능할 리 없다는 게 지금까지의 상식이었어요. 단가가 높은 음식은 적게 팔아도 매출을 맞출 수 있다는 게 일반적인 생각이었죠. 그런

데 '나의 프렌치'는 그런 상식을 완전히 깨버린, 서서 먹는 스타일을 표방한 프렌치 레스토랑이에요."

"서서 먹는다고요? 프렌치 요리를요?"

"네. 푸아그라(foie gras) 스테이크라든가 로브스터 구이 등 일반 프렌치 레스토랑에서는 코스당 10만 원 이상인 요리를 한 그릇에 만 원 정도만 주면 서서 먹는 스타일로 즐길 수가 있어요."

"정말이요? 엄청나게 싼 가격인데요!"

너무 놀라서 입까지 떡 벌린 요스케의 모습에 기분이 좋아졌는지 여자는 한층 더 적극적인 태도로 말했다.

"그보다 더 대단한 건 회전율을 높이기 위한 전략이에요. 이 가게는 한 그릇당 이익은 얼마 안 되지만 대신에 회전율을 높여서 돈을 벌고 있거든요."

"우와."

하지만 그 대단한 방식이란 게 어떤 건지 요스케는 아직 이해할 수 없었다.

"실은 나도 한 번 가봤는데요, 정말 많은 사람이 가게 앞에 줄을 서서 기다리고 있더군요."

"그야 그렇게 싼값에 프렌치 요리를 먹을 수 있으니, 가격이 부담스러워서 좀처럼 프렌치 레스토랑 같은 곳에 가기 힘든 사람들이 많이 몰려든 것 아닐까요?"

"그런 것도 있지만, 사실은 전략상 '일부러 줄을 길게 서도록 만든' 거예요."

"일부러요?"

"네. 일단 내부 규모가 작은 깡통, 아 여기서 '깡통'은 작고 좁은 가게라는 뜻이에요. 그렇게 내부가 좁은 가게를 임대하면 애당초 손님들을 수용할 수 있는 면적이 좁을 테니까 자연스럽게 가게 앞에 기다리는 줄이 생겨요. 그런데 '나의 프렌치'는 밖에서 오랫동안 기다리지 않아도 금방 안으로 들어갈 수 있어요. 왜냐하면 들어왔던 손님들이 금방 음식을 먹고 나가거든요."

"금방 먹고 나간다고요?"

"매장에 들어온 순간부터 식사할 수 있는 시간이 한 시간 50분으로 제한되어 있어요. 이 시간을 초과하면 음식을 다 못 먹어도 매장에서 나가야 해요. 하지만 그 이상 더 머무는 손님은 거의 없어요. 서서 먹는 곳이니까요.

내가 갔을 때도 가게 앞에서 40분 정도 줄을 서서 기다리는데 다리가 아프더라고요. 그런데 가게 안에 들어가서도 서서 먹어야 하잖아요? 그러니까 꾸물거리지 않고 바로 주문하게 되고 음식이 나오면 또 바로 먹고 마시고, 금방 가게에서 나오게 되더라고요. 이게 뭘 의미하는지 아시겠어요?"

"네……?"

"나의 프렌치'의 회전율은 하루저녁에 4회전 이상이에요. 즉, 가게 문을 열고서 닫을 때까지 모든 자리에 손님들이 네 번 들어온다는 뜻이죠. 이 정도로 회전율이 높은 가게는 찾아보기 힘들어요."

'정말 대단한걸. 4회전이라니. 지금껏 우리 가게에서는 회전율 같은 건 생각해본 적도 없는데……. 아니, 지금 상태로는 회전율을 계산하는 게 두려울 정도야.'

"다시 말하자면 원가가 비싸고 품목당 이익이 낮아도 회전율을 높여서 박리다매로 판매한다면 돈을 버는 데는 아무 문제가 없다는 거예요. 그런데 사장님 가게는 이것저것 메뉴의 가짓수만 늘려 놓았고, 실제로는 손님들이 커피 한 잔 시켜 놓고 눌러앉아 있는 게 현실이에요. 손님들의 요구 사항을 반영하는 거야 좋지만 이대로라면 오래 가지 못할 거예요."

"뭐라고요?"

"이런 식이라면 오래 버텨봤자 2년 정도예요. 이익이 적기 때문에 가게를 운영하는 데 드는 여러 가지 부대 비용을 정산하기가 점점 힘들어지니까요. 혹시 요식 업체의 폐업률이 어느 정도인지 아세요? 2년 이내에 50퍼센트의 음식점이 문을 닫아요. 그리고 3년 이내에 70퍼센트가 파산하게 되고요. 10년 이상 버티는 음식점은 겨우 10퍼센트 정도뿐이에요. 나머지 90퍼센트는 망하는 거죠. 쉽지 않은 장사예요."

'2년이면 절반, 10년이면 90퍼센트가 망한다……'

"이 가게도 슬슬 뭔가 삐걱거리기 시작했을걸요? 이대로 가다가는 빚만 늘어날 뿐이에요. 요즘 들어 자꾸만 적당한 시기에 가게를 정리해야겠다는 생각이 들지 않나요? 돈도 돈이지만 정신적으로도 아마 한계에 도달한 느낌이 들 거예요."

'이 여자, 정체가 뭘까? 어째서 단 몇십 분 만에 그걸 다 알아차릴 수가 있지? 아니, 그리고 나는 왜 이 여자에게 느닷없이 이런 소리를 듣고 있는 거지?'

그러고 나서 여자는 다음과 같이 말했다.

"돈 버는 건, 사실 별로 어렵지 않은 건데."

"뭐라고요? 지금 뭐라고 했죠? 돈을 버는 게 어렵지 않은 일이라고요?"

평소의 특기였던 접대용 미소를 지어야 한다는 사실도 잊은 채 요스케는 그저 멍하니 서 있을 뿐이었다. 그때 안쪽 구석에 앉아 있던 남자 손님이 자리에서 일어섰다.

"여기, 계산해주세요."

"네, 갑니다!"

요스케는 그제야 정신을 차리고 서둘러 남자 손님이 앉아 있던 테이블에 계산서를 가져다주었다.

"미안하게 됐네요. 커피 한 잔에 너무 오래 있었죠."

남자 손님은 빈정거리는 느낌을 굳이 숨기지 않고 카운터 테이블에 앉은 사쿠라코에게 들릴 만한 크기로 말했다. 그러자 여자는 천천히 몸을 돌리더니 남자 손님과 요스케를 향해서 가볍게 눈인사를 하며 싱긋 웃었다.

  배가 고프니까 오늘은 그냥 수프카레를 먹어야겠다고 말하던, 아까 그 표정이었다. 천진난만하고 부드러운 미소를 띤, 상냥한 얼굴이었다.

그릇당 이익이 낮으면 회전율을 높여라

표1. 이익이란?

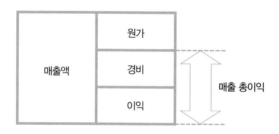

위의 도식은 어떤 업종, 어떤 업태에도 공통으로 적용되는 기본적인 이익 산출 구조입니다. '매출액'에서 '매출 원가'를 뺀 금액을 '매출 총이익'이라고 합니다. 이 '매출 총이익'에서 임대료나 전기 요금, 인건비, 통신비 등 기업을 유지하기 위해 사용되는 '경비'를 제외한 금액이 '이익'이 됩니다.

기업이 이익을 내기 위해서는 매출액을 높이거나 매출 원가를 낮추거나 경비를 줄여야 한다는 게 일반적인 생각이었습니다. 그러나 최근 들어, 특히 요식업계에서 주목한 개념이 '회전율'이라는 지표입니다. 매출 원가나 경비가 높으면 손님 한 명당 얻을 수 있는 이익이 낮아집니다. 하지만 회전율이 높으면 매출액을 높일 수 있습니다.

가격 파괴 현상이 확산하는 업계에서는 이익 확보를 위해 매출 원가나 경비를 최소화 하는 데에만 힘을 쏟기 쉬운데, 최근에는 이 회전율을 높여서 이익을 창출한다는 관점을 도입하기 시작했습니다. 새로운 개념의 이익 창출 모델을 성공적으로 확립한 기업도 속속 등장하고 있습니다.

장안에 화제로 떠오른 레스토랑 '나의 프렌치'는 지금까지 음식점에서 불문율처럼 여겨진 '원가율 약 30퍼센트'라는 상식을 깨뜨리고 일류 요리사를 스카우트해 도심 한복판, 목이 가장 좋은 곳에 지점을 열었습니다. 이 레스토랑이 급성장할 수 있었던 이유는 회전율을 높여 매출을 올렸기 때문입니다. 기존 상식에 구애받지 않고 발상을 전환해 새로운 매출 확대의 구조를 만들어낸 것이야말로 '나의 프렌치'의 성공 비결입니다.

표2. 회전율을 높이는 세 가지 방법

표3. 회전율이 높으면 원가율이 높아도 이익을 낼 수 있다

형식	좌석 수	회전 수	객 단가(원)	매출액(원)	경상 이익(원)	푸드·음료 평균 원가율 (%)	손익분기점 푸드 원가율 (%)
좌석	22	2.5	30,000	39,600,000	1,027,160	20	24
입석	50	1.0	30,000	36,000,000	−18,790,230	45	0 미만
	50	2.0	30,000	72,000,000	−1,764,000	45	50
	50	3.0	30,000	108,000,000	11,715,320	45	76
	50	4.0	30,000	144,000,000	24,347,750	45	88

> 원가율이 88%라도 4회전이면 이익을 낼 수 있다.

• 좌석의 전제 조건: 푸드 원가율 20%, 음료 원가율 20%, 객 단가 3만 원
• 입석의 전제 조건: 푸드 원가율 55%, 음료 원가율 35%, 객 단가 3만 원

(출처: 「나의 이탈리아, 나의 프렌치」, 사카모토 다카시[坂本孝] 지음, 쇼교카이[商業界]에서 발췌 및 변형)

"높은 임대료, 높은 원가율이라고 해도

'돈이 벌리는 구조'가 제대로 갖추어져 있으면

이익을 낼 수 있어요."

제2장

미끼로 유인해 계속 사게 하라

보석보다 비싼
벌꿀의 비밀

'구조'만 있으면
돈 버는 일은 어렵지 않다

도야마 사쿠라코는 '카페 보텀'의 수프카레가 마음에 들었다. 도무지 이 동네에서는 밤 11시만 넘어도 문을 연 가게를 찾을 수가 없다. 공항에서 택시를 타면 시바공원[芝公園] 나들목까지 20분 남짓이면 도착한다. 출장이 잦은 사쿠라코는 이러한 교통 요건이 마음에 들어 근처에 사무실을 임대하고, 사무실에서 가까운 고층아파트에 주거용 집을 얻었다.

그런데 막상 살아 보니 이 지역은 근무지로는 좋을지 모르지만, 주거지로는 다소 불편한 동네였다. 꼭두새벽부터 심야 시간까지 동에 번쩍 서에 번쩍 종횡무진 돌아다니면서 일하는 사쿠라코에게는 특히 그랬다.

처음으로 '카페 보텀'을 발견한 날, 출장에서 돌아와 사무실에 들러 남은 일을 하다 보니 어느새 밤이 깊었다. 요기할 타이밍을 계속 놓쳐 점심부터 아무것도 먹지 못한 터였다. 간단하게 뭐라도 먹고 싶었지만 갈 곳이 마땅하지 않았다. 그 시간에 아자부(麻布), 도쿄 미나토 구 서쪽에 있는 전통적인 상업 지구 - 옮긴이) 쪽으로 나가자니 귀찮고……. 그러던 차에 평소에는 잘 다니지 않는 골목길 쪽으로 눈을 돌려보니 딱 한 군데 불이 켜진 가게가 있었다.

"이런 곳에 카페가 있었네?"

사쿠라코가 평소에 자주 찾는 스타일의 카페는 아니었다. 아마도 예전에는 커피숍이었던 곳인데 기존 시설과 집기 등을 그대로 이어받아 개업한 가게 같아 보였다. 출입구나 창문에는 커피숍이었을 때 한 인테리어 흔적이 남아 있었다.

사쿠라코는 뭐라도 먹을 게 있겠지 싶어서 문을 열고 들어갔다. 가게 안은 어슴푸레한 조명이 켜져 있었다. 딱히 이렇다 할 특징이 없는 평범한 테이블과 의자, 역시 아무런 특색이 없는 인테리어, 이런 가게에서 흔히 볼 수 있는 평범하기 그지없는 카운터 테이블, 주인치고는 젊어 보이지만 피곤한 기색이 역력한 남자가 가게를 지키고 있었다.

하지만 이곳의 수프카레만큼은 최고였다. 솔직히 말해서 그 맛에 깜짝 놀랐다. 자정이 넘은 시간임에도 불구하고 접시를 싹싹 비웠을 정도다. 그런데도 다음 날 아침 속이 전혀 불편하지 않았다. 부대끼기는커녕 각종 향신료의 효능 덕분인지 얼굴이 붓지도 않았고, 몸은 가벼웠다.

그 수프카레는 요리사 겸 카페 주인이 연구를 거듭해서 만들었다고 했다. 찬찬히 들여다보니 덧니와 보조개가 귀여운 느낌을 주는 청년이었다. 얼굴은 앳돼 보였지만 나이는 서른 언저리는 된 것 같았다. 수염을 기르고 있었지만, 그건 어려 보이지 않기 위한 위장술이겠지.

사쿠라코는 그 청년 사장의 얼굴을 떠올려보았다.

'지금 상태라면 경영이 어려울 텐데. 아마 오래 버틸 수 없을 거야. 아깝네. 그 맛있는 수프카레를 좀 더 효과적으로 홍보하면 좋을 텐데…….'

"돈 버는 건, 사실 어렵지 않은데 말이야."

사무실 책상에 앉아 생각에 잠긴 사쿠라코가 자기도 모르게 이 말을 내뱉었을 때, 옆에 앉아 있던 부하 직원 가와타 유토[河田勇人]가 그 소리를 듣고 말했다.

"선배, 이제는 혼잣말까지 하는 거예요?"

"응?"

"'돈 버는 건, 사실 어렵지 않은데 말이야.' 이 말이요."

"아아, 내가 그랬나? 아까운 카페가 하나 있어서 그래."

가와타가 의미심장한 웃음을 지었다.

"또 그 얘기예요? 선배는 자나 깨나 돈 버는 비즈니스 모델 생각뿐이군요."

"맞아. 사람들은 왜 제대로 된 경영 철학도 없으면서 가게를 여는 걸까?"

그 말은 사쿠라코의 진심이었다. 현재 그녀는 경영컨설팅 회사의 대표를 맡고 있다. 소수 정예의 인재들이 모인 작은 곳이지만 사쿠라코가 컨설팅을 맡은 회사들은 모두 놀라울 만큼 성장해 업계 1위가 된다. 매출액이 열 배, 100배로 뛰는 경우도 드물지 않고, 전국 각지에서 컨설팅 문의가 끊임없이 들어온다. 그녀는 그야말로 '돈을 벌게 해주는' 프로 컨설턴트인 셈이다.

사무실 창가에 서면 도심의 빌딩 숲이 한눈에 들어온다. 저 건물들에 있는 기업 중 얼마나 많은 기업이 새로 탄생하고 또 사라지는 것일까. 희망과 낭만을 좇아 꿈을 펼쳐보겠다고 거액의 자본을 투자하거나 융자를 받아서 무턱대고 사업을 시작하는 것, 사쿠라코라면 도저히 할 수 없는 일이다.

돈을 벌기 위해서는 '돈이 벌리는 구조', 다시 말해서 비즈니스 모델이 필요하다. 그리고 그 '구조'만 있으면 돈을 번다는 건 그렇게 어려운 일이 아니라는 게 사쿠라코의 신조였다.

"선배가 늘 입버릇처럼 '돈 버는 건 사실 어렵지 않아!' 하고 말할 때 보면, 꼭 '정의의 이름으로 용서하지 않겠어!' 하고 외치는 만화 주인공 여전사 같아요."

"무슨 뚱딴지같은 소리야."

"아니다. 선배는 선배답게 '컨설턴트의 이름으로 부자가 되게 해 주겠어!'라고 해야 하나?"

"가와타, 이상한 소리 좀 그만해. 내일 오이타[大分] 출장 준비는 다 해 놨어?"

"물론이죠. 모두 준비돼 있습니다. 저만 믿으세요."

가와타는 자신만만한 표정으로 씩 웃었다.

"저녁에 열리는 세미나에는 구로사키[黒崎] 사장님도 초청했어요. 간담회에서도 바로 옆자리를 잡아 놓을 거예요. 그다음 날로 예정된 무라카미[村上] 사장님과의 면담은 이미 계약서 내용까지 써 놨으니 남은 건 선배가 직접 '사장님, 우리 같이 열심히 해봅시다!' 하고 말하는 거예요. 그리고 계약서에 도장을 꽝 찍고 나서 도쿄로 돌아오면 돼요."

가와타는 능력 있는 직원이다. 겉으로는 모든 일에 초연한 것처럼 보이지만 사실은 꼼꼼하고 치밀하게 접근하여 상대방을 설득하는 영업 스킬을 가졌다. 하나의 안건을 결정하기 위해서 먼저 핵심

인물의 마음을 사로잡고 그 후에 주변의 문제를 하나씩 해결해나가는 방식으로 지금껏 착실하게 실적을 쌓았다. 이제는 그야말로 사쿠라코의 오른팔이라고 할 수 있을 정도다.

"선배, 오늘 점심 같이 하실래요? 저희는 국수 먹으러 갈 건데."

"국수라……."

사쿠라코는 수프카레의 맛을 떠올렸다. 다시 한 번 그 카레를 먹고 싶었다.

"먼저 다녀와. 난 좀 이따가 갈게."

"알겠습니다. 오후 2시부터 메디컬 트렌드 사와 미팅이 잡혀 있으니까 그 전까지는 돌아오셔야 해요."

"오케이!"

사쿠라코는 카디건을 걸쳐 입고 지갑만 든 채 빌딩 밖으로 나왔다. 점심시간이 되면 사무실이 입주한 건물에서 일제히 사람들이 빠져나온다. 그리고 편의점이나 도시락 전문점 앞은 점심을 먹으려는 사람들로 길게 줄이 늘어선다. 중년 이상의 연배가 되는 사람들은 부담 없는 가격의 소고기 덮밥 가게나 그날그날 다른 메뉴를 선보이는 밥집에서 대략 15분 만에 식사를 마치고 자리를 뜬다. 줄을 서는 시간도 짧고, 자리를 뜨는 속도도 빠르다. 회전율로 치면 3.5회전에서 4회전 정도는 되지 않을까.

요즘은 직장인들이 점심 한 끼를 해결하는 데 쓰는 비용이 4천 원 이하라고 한다. 저비용, 저가격, 고회전율로 이익을 얻을 수 있는 곳은 스케일로 승부는 거는 대규모 음식점뿐이다.

"왜 하필 이런 곳에 음식점을 개업한 걸까."

자기도 모르게 또 '카페 보텀'을 걱정하고 있다는 사실을 깨닫고 사쿠라코는 뭔가 이상하다는 생각이 들었다.

'그 정도로 수프카레 맛에 반한 걸까. 나라는 사람은 참……'

원가율은 30퍼센트를
넘기지 마라

'카페 보텀'의 문을 열고 들어서자, 가게 안은 처음 왔던 그날 밤과는 달리 점심을 먹으러 온 손님들로 북적거렸다. 4인용 테이블이 네 개, 카운터 테이블에 마련된 자리가 여섯 개인 가게에서 혼자 동분서주하며 접시를 나르는 요스케가 보였다.

"어서 오세요! 아, 오늘도 와주셨네요. 잘 오셨어요."

사쿠라코는 카운터 테이블 앞 빈자리에 앉았다. 테이블 안쪽으로 들어온 요스케가 사쿠라코에게 미소를 지었다.

"다시 찾아주셔서 고맙습니다."

"그 카레, 또 먹고 싶어서 왔어요."

사쿠라코의 말에 요스케는 들뜬 표정으로 말했다.

"감사합니다. 오늘 점심은 새우가 든 수프카레와 치킨 카레 중에서 고르시면 됩니다. 어느 거로 하시겠어요?"

"음, 새우 수프카레 주세요."

"알겠습니다."

요스케는 점심시간에 몰려든 손님들을 혼자서 감당하고 있었다. 카운터 테이블에 앉은 사쿠라코는 바쁘게 움직이는 요스케의 모습을 바라봤다. 작은 냄비에 1인분 분량의 수프카레를 담고 불에 올려 마무리 조리를 한 후 접시에 담아 흰밥과 함께 사쿠라코 앞에 내려놓았다. 그러고 나서 식사를 마치고 나가는 손님에게 음식값을 받고 테이블의 빈 그릇을 치웠다. 그러고 나자 이번에는 또 다른 손님에게 커피를 가져다준다. 이런 패턴이 몇 번 되풀이되고 오후 1시가 넘어서야 요스케는 숨을 돌릴 수 있었다.

손님이 몇 명 남지 않은 카페는 다시 한적한 분위기를 되찾았다. 배경음악으로 틀어 놓은 보사노바(삼바에 재즈의 감각을 가미한 브라질 음악 장르 - 옮긴이)가 카페 안을 잔잔하게 울렸다. 사쿠라코는 식후에 제공되는 커피를 마시고, 요스케는 카운터 테이블 안쪽에서 산더미처럼 쌓인 설거지를 하기 시작했다.

"오늘도 맛있었어요. 이 집 수프카레는 정말 일품이에요. 커피 맛도 좋고요."

"직접 로스팅하는 유명한 가게에서 원두를 사거든요."

"음, 맛있어요. 게다가 카레 가격도 9천 원이라니, 품질에 비해 너무 저렴한데요."

"그건 그렇지만 요즘 같은 불경기에 점심값이 만 원을 넘으면 손님들이 안 올 거예요."

사쿠라코는 한숨을 쉬듯이 천천히 말했다.

"문제는 그거네요. 고품질의 맛을 추구하는 건 좋지만 그러자니 원가율만 올라가고, 전혀 돈이 안 되잖아요? 역시 원가율을 30퍼센트 정도로 낮추지 않으면 음식점은 살아남기 힘들어요."

사쿠라코의 그 한마디에 요스케는 설거지하던 손을 멈추고 앞치마에 대충 물기를 닦고는 명함을 내밀면서 말했다.

"저기, 저는 마에시바 요스케라고 합니다. 얼마 전에 손님께서 하신 말씀, '돈 버는 건, 사실 어렵지 않다'라고 했던 그 이야기를 제게 좀 자세히 들려주실 수 있을까요? 제 가게도 '돈을 좀 버는' 가게가 될 수 있을까요?"

부동의 차렷 자세로 거침없이 쏟아내는 요스케의 모습에 사쿠라코는 어안이 벙벙했다. 하지만 사쿠라코를 바라보는 요스케의 두 눈에는 분명 진심이 담겨 있었다. 그건 반드시 성공해 보이겠노라고 다짐할 때 나타나는 '경영자의 눈빛'이었다.

요스케의 기세에 눌린 사쿠라코가 눈을 동그랗게 뜨고 어쩔 줄 몰라 하자 요스케는 진지한 표정을 거두고 웃음을 지었다. 그리고 마치 변명하듯 말했다.

"하하하……. 죄송합니다. 손님께서 전에 했던 그 말이 계속 머릿속에 남아서요. 가게에 다시 오시면 꼭 물어보려고 기다리고 있었거든요."

한순간에 평범한 식당 주인의 얼굴로 돌아온 요스케를 사쿠라코는 가만히 바라보았다. 요스케는 어색한 침묵을 깨뜨리려는 듯이 수돗물을 크게 틀고 말없이 설거지를 하기 시작했다.

'이 남자는 분명 본성이 착한 사람이다. 홋카이도에서 도쿄로 이사하고, 도쿄타워가 보인다는 이유로 이곳에 가게를 열었다. 맛있는 수프카레와 커피로 손님들에게 호평을 받으면 모든 게 잘될 거라고 믿었을 것이다. 하지만 돈은 벌리지 않고, 어떻게 하면 좋을지 몰라 막막하지만 딱히 방법은 없다. 그저 영업시간을 늘려가면서 어떻게든 가게를 꾸려나가려고 애쓰고 있다.

하지만 아무리 노력해도 매달 돌아오는 건 각종 고지서와 제때 처리도 못 하는 독촉장뿐이다. 모르긴 해도 생활비 역시 빠듯할 것이다. 아 참, 가족은 있는 걸까.'

사쿠라코는 속으로 생각했다. 사람은 선량한 의도로 시작한 일이 잘 풀리지 않으면 자신감을 잃는다. 과거의 불행했던 경험이 현

표4. '카페 보텀'의 원가율은 자그마치 51.1%

원가율(%) = 매출 원가 ÷ 매출액 × 100

커피 200원

기타 재료 1,800원

새우 · 수프 외
2,000원

밥 600원

매출 원가 합계: 4,600원

런치 메뉴 가격
9,000원

원가율: 4,600 ÷ 9,000 × 100 = **51.1%**

재에도 영향을 미쳐 일을 추진하는 데 필요한 용기와 힘을 빼앗는다. 그리고 그것을 되살리는 건 힘든 일이다.

요스케의 미소 짓는 얼굴이 억지로 노력해서 만든 표정이라는 걸 깨닫고 사쿠라코는 가슴 한구석이 날카로운 것에 찔리는 듯한 아픔을 느꼈다. 그와 동시에 사쿠라코의 입에서는 자신도 모르게 다음과 같은 말이 튀어나왔다.

"그래도 나는 대단한 사람이다, 나는 할 수 있다, 이렇게 생각해야죠!"

요스케가 깜짝 놀라서 뒤를 돌아봤다. 사쿠라코 역시 본인이 말해 놓고도 적잖이 놀라는 눈치다. 겨우 두 번 찾아왔을 뿐인데, 게다가 곧 망할 것 같은 이런 가게 주인에게 왜 그런 말을 했는지 도무지 알 수 없었다. 하지만 그런 의문에도 불구하고 사쿠라코는 말을 이어갔다.

"먼저 마음가짐부터 바꿔야 해요. 나는 할 수 있다, 이건 쉬운 일이다, 이렇게 생각하는 거죠. 하지만 단순히 믿음만 가지면 만사가 해결된다는 말은 아니에요. 시스템을 만드는 게 먼저예요."

"시스템이요?"

"그래요. 잘나가는 기업에는 돈이 벌리는 시스템이 탄탄하게 구축되어 있어요."

'에라, 모르겠다. 어차피 시작한 거 어디 한번 제대로 오지랖 좀

부려보자.'

　사쿠라코는 그렇게 마음먹었다. 사쿠라코가 태어나 자란 곳은 도쿄의 대표적인 상업 지역이다. 어렸을 때부터 많은 사람을 접하면서 자라 타인의 삶에 간섭하는 일이 비교적 쉬워진 걸까. 아니면 요스케의 자신감 없는 얼굴, 수염으로 가리긴 했지만 살짝 웃으면 덧니와 보조개가 드러나는 상냥한 얼굴을 외면할 수 없었던 걸까. 아니 그보다는 이토록 맛있는 수프카레를 먹을 수 있는 유일한 심야 영업 가게가 망해가는 모습을 두 손 놓고 볼 수 없다는 생각이 들어서였을까.

　이유는 모르겠지만, 이 카페 주인에게 용기를 북돋워주고 싶다는 마음이 가슴 깊은 곳에서부터 피어올랐다. 그러자 사쿠라코의 행동이 거침없어졌다.

　"예를 들어서 말이죠. 제가 컨설팅을 했던 기업 중에 텔레비전 홈쇼핑을 통해 자석 목걸이를 팔던 회사가 있는데요……."

돈이 되는 곳으로
재빨리 이동하라

사쿠라코는 뛰어난 이야기꾼이었다. 요스케는 설거지 하던 손을 멈추고 사쿠라코의 이야기에 귀를 기울였다.

"그 회사의 사장님은 오카노카미[丘之上]라는 분이었는데, 원래는 보석을 판매했어요. 거품경제로 한창 경기가 좋을 때는 텔레비전 홈쇼핑에서도 사파이어 반지가 500만 원, 에메랄드 2캐럿짜리 브로치가 300만 원, 그렇게 비싼 상품들이 날개 돋친 듯이 팔려나갔어요."

"엄청나네요. 거품경제의 위력인가요. 나도 한번 경험해보고 싶은 시절이네요."

"그렇죠. 그 시대를 겪지 않은 사람들은 상상도 못할 거예요. 당시에는 평범한 회사원 여자들도 비싼 보석이나 명품 가방을 많이 갖고 있었어요. 하지만 거품이 꺼지자 보석 판매도 딱 끊겼어요. 오카노카미 사장님의 회사도 월별 매출액이 곤두박질치기 시작했어요. 그러자 오카노카미 사장님은 '이제 보석의 아름다움과 화려함만을 추구하는 시대는 지났어. 앞으로는 거기에 기능이 추가된 상품을 찾는 사람들이 많아질 거야!'라고 생각했어요."

"기능이 추가된 보석이요?"

"네. 디자인이 아름다운 보석이 아니라 그걸 착용함으로써 건강이 좋아지거나 뭔가 곤란한 상황이 해결된다거나 하는 그런 거 말이에요. 좀 추상적이긴 하지만 이런 식의 발상은 아이디어를 생각해낼 때 매우 중요한 힌트가 될 거예요."

"그렇군요."

"그래서 오카노카미 사장님은 '자석 목걸이'를 텔레비전 홈쇼핑에서 팔기 시작했어요. 가격은 10만 원. 보석이 아니라 도금을 한 건데, 안에 자석을 넣었어요. 반응은 폭발적이었죠. 매출은 100배로 뛰었어요."

"100배요?"

"그때까지 300만 원짜리 보석을 한 개 팔았다면, 10만 원짜리 자석 목걸이를 100개 판 거죠. 매출은 물론 대폭 상승했고요. 당시에 오카노카미 사장님이 텔레비전에 나오면 주문 전화가 폭주했어요. 실제로 돈도 꽤 많이 벌었죠."

"우와, 그게 그렇게 인기가 좋았다니. 정말 대단한데요!"

"놀라기는 아직 일러요. 정말 대단한 이야기는 지금부터니까. 그 시기에 같은 홈쇼핑 채널에서 벌꿀을 판매하던 회사가 있었어요."

"벌꿀이요?"

"한 개 만 원인 국산 벌꿀을 세 개 세트로 묶어서 2만 원에 팔았는데, 이걸 사면 엄청난 이익을 보는 거라고 광고를 했어요. 그걸 보고 오카노카미 사장님은 생각했어요. '저렇게 싼 물건은 아무리 많이 팔아봤자 돈이 별로 안 될 텐데……'

통신판매 중에서도 특히 텔레비전 홈쇼핑은 방송을 내보내는 것만으로도 상당히 큰돈이 들죠. 사장님은 속으로 '저 사람, 생각이 좀 모자란 거 아닌가?'라고 생각하면서 비웃었다고 해요."

"확실히 2만 원과 10만 원은 차이가 크네요."

"하지만 그 벌꿀 회사 사장님은 날이 갈수록 신수가 훤해졌어요. 그전에는 한 회사의 대표라고는 생각이 안 들 만큼 '멋'과는 거리가 먼, 그저 영세한 중소기업 사장의 느낌이었는데, 갑자기 고급 양복을 빼입고 고급 시계를 차고 외제 차를 끌면서 나타난 거죠.

오카노카미 사장님은 눈썰미가 좋아서 그런 변화를 금세 알아차렸어요. '아무래도 이상한데. 벌꿀이 그렇게 잘 나가나?' 의심은 커졌고 자꾸만 신경이 쓰였어요. 궁금증을 참을 수 없었던 오카노카미 사장님은 벌꿀 회사 사장과 친분을 쌓고는 언제 한번 회사를 방문하고 싶다고 말했어요. 그리고 실제로 찾아가 봤더니……."

"그랬더니요?"

요스케는 자기도 모르게 몸을 앞으로 내밀면서 물었다.

"그 회사는 벌꿀을 산 고객들을 대상으로 단가가 높은 로열젤리와 프로폴리스를 팔고 있었어요."

"로열젤리와 프로폴리스요?"

"네. 로열젤리는 1개월분에 7만 원, 프로폴리스는 15만 원에 팔았어요. 그러니까 벌꿀은 어디까지나 통신판매로 고객을 끌어들이기 위한 '미끼 상품'이었던 거예요. 세 개에 2만 원짜리 벌꿀을 판매해서 고객과의 유대 관계를 만들고, 그 후에 진짜로 판매할 생각이었던 고가 상품인 로열젤리와 프로폴리스를 계속 사도록 하는 게 그 회사의 계획된 전략이었어요."

"계속 사게 한다……."

"바로 그거예요! 벌꿀 회사의 비즈니스 모델은 사실 엄청난 고수익 모델이었어요. 로열젤리나 프로폴리스 같은 건강보조식품은 한두 번 먹고 끝나는 게 아니라 지속해서 섭취하게 되잖아요?

그러니까 1년 단위로 계산하면 이 벌꿀 회사의 고객 1인당 구매

금액은 약 100만 원 안팎이 돼요. 그러니까 오카노카미 사장님의 10만 원짜리 자석 목걸이보다 훨씬 높은 금액이었던 거죠."

"대단하네요."

"그 순간 오카노카미 사장님은 깨달았어요. '그렇구나! 자석 목걸이를 열 개씩 사는 사람은 아무도 없어!'"

"열 개를 목에 걸면 없던 어깨 결림도 생기겠는걸요."

요스케가 말하자 사쿠라코는 큰 소리로 웃었다.

"하하하! 정말 그러네요. 요스케 씨, 재미있는 사람이었네."

리필로 받은 아이스커피를 다 마시고 나서 사쿠라코는 말했다.

"오카노카미 사장님은 그 일을 계기로 바로 보석 판매업을 정리하고 건강보조식품을 만드는 회사를 세웠어요. 듣자니 주로 녹즙을 만든다고 했어요."

"네? 그렇게 급하게 업종 전환을 해도 돼요?"

"때마침 자석 목걸이의 자체 브랜드 제조 공장을 세우려고 준비 중이었어요. 그걸 녹즙 공장으로 건설 계획을 바꾼 거죠. 그렇게 바로 행동에 옮기는 신속한 판단력과 결단력이 그분의 큰 장점이에요. 그래서 제가 그분을 대단하다고 평가하는 거고요. 돈이 될 만한 곳으로 스스로 이동한다는 건 중요한 일이거든요.

게다가 건강식품 제조업은 제조 업체인 하청 업체가 단지 상품만 제조하는 게 아니라 판매 업체와 함께 독창적인 상품을 개발하고,

그 후에 그 상품의 제조 주문을 받아 생산하는 경우가 많아요. 그러니까 얼마든지 변화를 준 제품을 만들 수 있고, 한 번으로 끝나는 게 아니라 계속해서 만들어낼 수 있지요.

현재 오카노카미 사장님의 회사는 대성공을 거두었어요. 시중에 나와 있는 녹즙 상품의 3분의 1은 오카노카미 사장님 회사에서 만든 거예요."

'시중에 나와 있는 녹즙의 3분의 1이라. 도대체 얼마나 많은 돈을 쓸어 모으고 있을까.'

요스케에게는 너무나 먼 세상의 일처럼 느껴졌다.

'이 여자가 일하는 세상은 이렇게 화려한 곳이구나.'

요스케는 사쿠라코가 속해 있는 세상이 눈부신 한편 부러운 마음이 들었다. 그리고 차원이 다른 세상의 이야기를 그저 듣고 있자니 스스로가 한심하게 느껴졌다.

"아무나 오카노카미 사장님처럼 될 수 있는 건 아니겠지요?"

"꼭 그렇지만도 않아요."

단호하게 잘라 말하는 사쿠라코의 태도에 요스케는 놀랐다.

"네?"

"아까도 말했잖아요. 나는 할 수 있다, 이렇게 생각하라고. 발상을 전환해요. 자신의 뇌에 영양가 있는 질문을 해보라고요."

"뇌에 질문을요?"

표5. 계속 사게 하는 판매 시스템

자석 목걸이
10만 원

대부분 단 한 번만 구매한다.

미끼 상품

벌꿀 세트
2만 원

계속 구매하는 상품

로열젤리
7만 원

프로폴리스
15만 원

▶ 계속해서 섭취한다.
▶ 다 먹으면 재구매한다.

"뇌는 질문을 하면 대답하게 돼 있어요."

"뇌가 대답한다……?"

"그래요. 끙끙거리면서 고민해도 해답은 안 나와요. 생각하고 질문을 던져야 해요. 만약 이 가게를 돈이 벌리는 가게로 만들려면 어떻게 해야 할까? 뭘 할 수 있을까?"

"지금 저한테 묻는 거예요?"

"맞아요. 본인의 뇌에 그런 질문을 던져봐요."

"뇌에 질문을 던진다……."

"벌꿀과 보석 중에 돈이 벌리는 사업은 어느 쪽인가'라는 질문을 받으면 대부분 사람은 이미지로 판단한 보석을 택하죠. 하지만 돈이 벌리는 구조로 따지면 벌꿀 회사의 전략이 압도적으로 훌륭해요. 왜냐하면 계속해서 상품을 사게 하는 시스템이 구축돼 있으니까요. 돈을 버는 곳에는 반드시 돈이 벌리는 구조가 있어요. 그리고 그 구조를 만들려면 기존의 상식이나 선입견을 버리고 상황을 제대로 봐야 해요. 요스케 씨도 그 구조를 찾는다면 분명히 달라질 거예요."

'분명히 달라질 수 있다.'

"포기하지 말아요. 무리라고 생각하지도 말고요. 계속 생각하고 또 생각해요. 충분한 시간을 들여서 심사숙고한 사람은 반드시 해답을 찾을 수 있어요. 뇌에 영양가 있는 질문을 계속 던지면 자극을 받은 뇌는 해답을 찾으려고 움직이거든요."

사쿠라코의 말에 요스케는 갑자기 눈앞이 환하게 밝아지는 느낌이 들었다. 오랜만에 느껴보는 밝고 희망찬 기운이다.

'나도 달라질 수 있을까? 해답을 찾을 수 있을까? 제대로, 충분히 생각하면 해답은 반드시 찾을 수 있다. 그렇다면 나는 이제 어떻게 해야 하나.'

여기까지 생각했을 때 사쿠라코의 휴대 전화가 울렸다.

"여보세요. 아, 메디컬 트렌드에서 벌써 오셨어? 10분 전에? 미안, 바로 갈게."

의자에서 일어난 사쿠라코는 지갑에서 점심값을 꺼내며 말했다.

"다시 볼 때까지 숙제예요. 힌트는 '계속성'이에요. 당신이라면 어떻게 계속 구매하게 만드는 시스템을 구축할 것인지 생각해봐요."

여기까지 말하더니 사쿠라코가 빙그레 웃는다. 지난번에 봤던 그 미소다. 일단 상대방을 놀라게 해 놓고 마지막에 보여주는 천진난만하고 상냥한 미소.

"저기, 손님. 성함을 좀 알려주시겠어요?"

"저요? 도야마 사쿠라코예요. 그럼 또 올게요. 잘 먹었어요!"

사쿠라코가 문을 열자 거센 바람이 가게 안으로 훅 들어왔다. 강한 바람 속을 총총걸음으로 헤치며 가는 사쿠라코의 뒷모습을 보면서 요스케는 여느 때보다 훨씬 더 큰 목소리로 외쳤다.

"손님, 감사합니다!"

사쿠라코는 바람에 휘날리는 머리카락을 한 손으로 누르면서 다른 한 손을 힘차게 흔들었다. 들리지는 않았지만 요스케를 향해 무어라 말하고 있었다. 입모양을 보니 마치 "힘내요!"라고 말하는 것 같았다.

다시 정면을 향한 사쿠라코는 역풍을 헤치면서 바람 속을 걸어갔다. 그 뒷모습을 배웅하는 요스케 역시 마음속에 새로운 바람이 이는 것을 느꼈다.

돈이 벌리는 비즈니스 모델이란?

이 세상에는 '돈이 벌리는 비즈니스 모델'이 존재합니다. '열심히 노력하는데 왜 돈이 벌리지 않는 걸까.' 당신이 만약 경영자로서 이런 생각을 한다면 당신 회사의 비즈니스 모델이 처음부터 돈이 벌리는 구조를 갖추지 못했기 때문일 가능성이 큽니다.

혹시 당신의 회사도 요스케 씨의 가게와 같은 상태에 빠져 있지는 않나요? 요스케 씨는 원가율을 계산했습니다. 좋은 식자재로 음식을 만들기 때문에 그만큼 비용이 더 들지만, 가격을 올리기는 어렵습니다. 즉, 원가율이 높으므로 한 그릇당 매출 총이익은 작아집니다. 만약 한 그릇당 수입이 적다고 해도 손님이 계속해서 들어온다면, 다시 말해 회전율을 높인다면 판매하는 그릇의 수가 늘어나므로 이익을 낼 수 있습니다.

하지만 요스케 씨의 가게는 단골손님이 커피 한 잔을 시켜 놓고 오래 머무는 경우가 많아 회전율을 높이기 어렵습니다. 이래서는 아무리 열심히 일해도 돈은 쌓이지 않습니다.

저는 요스케 씨에게 벌꿀 회사 이야기를 들려주었습니다. 이 사례의 포인트는 '계속성'입니다. 세 개 한 세트에 2만 원짜리 벌꿀은 저렴한 가격으로 고객의 눈길을 끌기 위한 미끼 상품이었습니다. 고객을 모은 후 고가인 로열젤리와 프로폴리스를 한 번이 아니라 계속해서 사도록 유도하는 판매 시스템이 진짜 전략이었던 셈이죠.

이것이 바로 '돈이 벌리는 비즈니스 모델'입니다. 이 모델에는 확실하게 돈을 벌 수 있는 구조가 갖추어져 있습니다. 이 구조가 얼마나 중요한지 깨달은 오카노카미 사장님은 바로 보석 판매업을 정리하고 녹즙 제조업으로 방향을 바꾸었지요. 판매 회사와 함께 상품 브랜드를 개발한 후에는 일회성이 아니라 계속해서 제조 주문이 들어오는 시스템을 만들었어요.

돈이 들어오는 구조만 알면 돈 버는 일은 쉬워집니다. 앞으로의 여정에서 요스케 씨와 함께 그 비결을 찾아보시기 바랍니다.

"힌트는 '계속성'이에요.

당신이라면 어떻게 계속 구매하게 만드는

시스템을 구축할 것인지 생각해봐요."

:

제3장

한 번이 아니라
정기적으로 구매하게 하라

푸딩 같은 디저트도
정기 구매가 가능할까?

:

계속해서 살 수밖에 없는
물건을 만들어라

🥄 그날 이후 사쿠라코는 한동안 '카페 보텀'에 오지 않았다. 또 오겠다는 말을 남긴 채 사라진 지 벌써 2주째다. 요스케는 스스로 계속 질문을 던졌다. 어떻게 하면 '카페 보텀'을 돈이 벌리는 가게로 만들 수 있을지 고민을 거듭했지만, 이렇다 할 답을 찾지 못하고 꼭두새벽부터 밤늦은 시간까지 묵묵히 일했다.

그래도 지금까지와는 무언가가 달라져야 한다고 생각했다. 사쿠라코를 만나기 전에는 그 사실조차 깨닫지 못했다. 그저 가게 문을 열고, 수프카레를 만들면서 하루하루를 보냈다. 적자만 내는 가게 상황이 걱정스러웠지만 딱 거기까지였다.

요스케는 다시 한 번 사쿠라코와 이야기를 나누고 싶었다.

'힌트는 계속성이라고 했지. 계속해서 물건을 사게끔 만드는 구조라고 했어. 도대체 어떻게 하면 우리 가게도 로열젤리나 프로폴리스처럼 계속해서 살 수밖에 없는 상품을 개발할 수 있을까?'

요스케의 고민은 로열젤리나 프로폴리스에 한정된 것만은 아니다. 주변을 둘러보면 꾸준히 사게 되는 물건들이 꽤 있다. 예를 들어 가게에 온 손님에게 가장 먼저 건네는 '물수건'도 그중 하나다. 물수건 회사는 손님이 사용한 물수건을 회수해서 세탁하고 그걸 다시 비닐 포장해서 판매한다. 이것만으로도 '계속성'이 완벽하게 반영된 사업이 아닌가.

가게 입구에 깔아 놓은 현관 매트도 그렇다. 잘 생각해보면 4주에 한 번씩 갈아야 한다는 규칙은 처음부터 없었다. 물론 정기적으로 교체하면 청결해서 좋지만 자기도 모르는 사이에 교체 비용을 지급하는 시스템에 빠져드는 셈이다. 이건 분명히 청소 용품 업체의 전략이다.

요스케는 '카페 보텀'을 어떻게 바꿀 것인지 여전히 실마리를 찾지 못했다. 하지만 지금까지와는 다른 시각으로 상황을 바라보게 된 것만으로도 큰 발전이라고 생각했다. 사쿠라코를 만나서 더 많은 이야기를 나누면 더 큰 깨달음을 얻을지도 모른다고 생각했다.

그녀의 이야기 속에 앞으로 자신이 변화해나가는 데 필요한 힌트가 들어 있을 것만 같아 조바심이 일었다. 하루빨리 사쿠라코를 만나고 싶었다.

자신의 뇌에
영양가 있는 질문을 던져라

사쿠라코는 2주에 걸친 출장을 끝내고 겨우 도쿄에 돌아왔다. 일본열도 남단에 있는 규슈[九州] 지방을 시작으로 그 위에 있는 주고쿠[中國]와 시코쿠[四國] 지방을 돌고 도쿄에 왔지만, 곧바로 북단에 있는 홋카이도로 날아가야만 했다.

출장지에서는 거래처 사장님들과 저녁 식사 자리가 늘 잡혀 있다. 좋은 건 각지의 신선한 해산물 요리를 마음껏 먹을 수 있다는 점이다. 배부른 소리로 들리겠지만 회나 초밥도 계속 먹다 보면 어느 순간 지겨워진다.

내일이면 드디어 도쿄에 돌아갈 수 있다고 생각하자, 아니 그 전부터 사쿠라코는 '카페 보팀'의 수프카레가 먹고 싶었다.

'하네다[羽田] 공항에 도착하면 '카페 보팀'으로 직행해야지'.

그 생각에 사쿠라코는 벌써 즐거웠다.

사쿠라코가 가게 문을 열고 들어서자 요스케가 친근감 넘치는 미소로 그녀를 맞았다.

"도야마 씨! 어서 오세요. 얼마나 기다렸다고요!"

"그냥 사쿠라코라고 부르세요."

그녀는 자신의 지정석이기라도 한 듯 카운터 테이블에서 요스케가 정면으로 보이는 자리에 앉았다.

"아, 네. 사쿠라코 씨, 감사합니다."

"2주 내내 출장을 다녀왔어요. 지금도 홋카이도에서 막 오는 길이에요."

"홋카이도요? 부럽네요. 저는 한동안 고향에 못 갔어요. 혹시 거기서 수프카레도 드셨나요?"

"그게 말이죠, 못 먹었어요. 해산물 요리만 잔뜩 얻어먹었죠. 그런데 삿포로의 수프카레, 대단하더군요. 지금은 지역을 대표하는 음식으로 유명하지만, 사실은 삿포로의 명물로 만들기 위해 관공서에서 의도적으로 홍보한 거라면서요? 수프카레 전문점을 내면 시(市)에서 보조금이 나오던 시절도 있었다네요."

"저는 유행하기 전부터 집에서 만들어 먹었지만 그때는 아무 지원도 못 받았어요."

요스케는 이렇게 말하면서 웃었다.

"오늘도 새우카레로 해드릴까요?"

"네, 그걸로 주세요. 그런데 어쩐지 좀 이상하네요. 홋카이도에서 도쿄로 돌아와서 제일 먼저 수프카레를 먹다니. 대부분은 반대로 할 텐데요."

"저로서는 영광입니다."

"뭔가 중독성이 강한 향신료가 들어 있는 거 아니에요?"

요스케는 목소리를 살짝 낮춰서 속삭이듯 말했다.

"영업 비밀이라 말씀 못 드립니다."

사쿠라코도 웃고 말았다. 요스케와 카운터 테이블을 사이에 두고 이야기하다 보면 어쩐지 기분이 좋아진다.

사쿠라코가 하는 일은 잘되는 편이지만 그만큼 긴장도가 높았다. 매일 사람을 만나고 이야기를 나눈다. '도야마 사쿠라코'라는 직장인으로 살 때는 고객이 원하는 대로 특정 역할을 연기하는 기분이 들 때도 있다. 그리고 그런 모습을 어디에선가 냉정하게 평가하고 있을 것만 같았다. 그래도 그녀는 나쁘지 않은 삶이라고 생각했고, 또 그래야만 한다고 믿었다. 다만 사무실과 집이 매우 가까워 일하는 시간과 개인적인 시간의 구별이 점점 희미해지는 것 같아

아쉬었다.

7년 전 사쿠라코는 남편을 병으로 떠나보냈다. 건축가로서 한창 활발하게 일하던 시기였는데, 너무 무리하게 일하다가 건강을 미처 챙기지 못했다. 병이 발견됐을 때는 손쓸 수 없는 상황이었고, 그야말로 순식간에 세상을 등졌다. 너무도 갑작스러운 이별이었다.

외동딸인 에리카는 아직 초등학생이었다. 남편이 없으니 혼자서 아이를 키워야만 했다. 사쿠라코는 친정으로 들어가 부모님의 도움을 받으면서 에리카를 키웠다. 마치 남편과의 이별을 슬퍼할 틈조차 허락하지 않겠다는 듯 필사적으로 일에 매달렸다. 그리고 실적은 눈에 띄게 올라갔고 회사는 급성장했다.

일과를 마치고 집에 돌아오면 가족들이 그녀를 반겼다. 하루가 다르게 자라는 에리카의 웃는 얼굴, 부모님과 주고받는 소소한 일상 이야기, 사쿠라코에게는 유일하게 마음의 휴식을 얻을 수 있는 시간이었다.

그리고 올해 고등학생이 된 에리카는 미국의 기숙사형 사립고등학교, 보딩스쿨에 입학했다. 사쿠라코도 친정에서 독립해 지금 사는 곳으로 거처를 옮겨 혼자 지내게 되었다. 일에 몰두할 수 있는 환경은 만족스러웠지만, 일과 완전히 분리된 장소에서 타인과 편안하게 이야기를 나눌 수 있는 시간은 거의 없었다.

"이 가게는 계속 혼자 운영했어요?"

"처음에는 아내와 함께했는데, 반년 전에 집을 나가버렸어요. 딸까지 데리고 친정으로 가버렸죠."

"이런."

"여러 가지 일로 서로 좀 부딪치던 시기에 제가 그만 문제를 일으켰어요."

요스케가 새끼손가락을 잠깐 세우더니 다시 구부리면서 어깨를 움츠렸다.

"그런 문제라면 어쩔 수 없었겠네요."

"그래서 지금은 따로 살고 있어요. 딸이 초등학교 2학년인데, 당분간은 만나지도 못할 것 같아요."

"아직 이혼한 건 아니죠?"

"네."

"그래서 그 문제를 일으킨 '여자'와는 헤어졌나요?"

"네. 그렇죠, 뭐."

"잘못했다고 싹싹 빌고 다시 합치자고 하지 그래요?"

"그게, 도무지 말이 안 나와요. 가게도 이 모양 이 꼴이고, 지금까지 고생만 시켜서……."

"그래도 딸이 보고 싶을 거 아니에요."

"그야 당연히 보고 싶죠."

요스케가 힘없이 웃었다.

남자들은 왜 쓸데없는 자존심을 끝까지 못 버리는 걸까. 부인의 성격이 어떤지는 전혀 알 수 없지만 요스케를 선택한 여자다. 한몫 벌어보겠다고 다짜고짜 덤벼든 무모한 남자의 결정에 찬성표를 던진 여자다. 분명히 요스케가 생각하는 것 이상으로 근성이 있는 여자일 것이다. 만약 남편에게 의지하면서 팔자 좋은 전업주부로 살겠다는 생각이었다면 처음부터 요스케를 반려자로 선택하지 않았을 것이다. 다소 냉정한 판단일 수도 있지만 이게 사쿠라코의 솔직한 생각이었다. 그리고 요스케가 사쿠라코의 취향은 아니지만, 같은 여자로서 요스케 아내의 심정을 이해 못 하는 바도 아니었다.

'당신을 선택한 그 순간, 고생문이 열릴 거라고 짐작했을 거예요.'

사쿠라코는 그렇게 말하려다가 요스케의 자존심을 상하게 할 것 같아 입을 다물었다. 부부의 일은 부부만이 아는 법이다.

'관여하지 말자, 일단.'

"카레는 예전부터 좋아했어요?"

본인이 던져 놓고도 당돌한 질문이라고 사쿠라코는 생각했다. 마치 어린 학생을 앞에 두고 물어보는 기분이었다. 그런데 요스케 역시 어린 시절로 돌아간 것 같은 표정을 짓는 게 아닌가.

"할머니가 자주 만들어주셨거든요! 어렸을 때 부모님은 아사히카와에서 가구점을 운영했어요."

"어머나, 아사히카와라면 임업이 발달해서 가구 제조업이 성행하던 곳이죠."

"사쿠라코 씨는 정말 모르는 게 없으시네요. 맞아요. 부모님 두 분 모두 일하러 가시면 할머니가 저를 돌봐주셨어요. 그때 할머니에게 카레 만드는 법을 배웠고 초등학생 때부터는 혼자서 만들어 먹었어요. 아, 할머니가 만든 건 시중에서 판매하는 카레 가루에 돼지고기의 여러 부위를 썰어 넣어 만든 평범한 카레였어요."

사쿠라코는 요스케의 할머니가 만든 카레를 먹어보고 싶었다.

"저는 어렸을 때부터 가업인 가구점을 이어받으라는 말을 들었어요. 사실 저도 그럴 생각이었고요. 그래서 고등학교를 졸업하고 도쿄에 있는 회계전문학교에 입학했어요. 경영을 배울 생각이었죠."

"그런데 어쩌다가 이런 가게를 하게 된 거죠?"

"망했어요, 가구점이."

"그랬군요."

"돌아갈 곳이 없었어요. 그렇다고 인제 와서 평범한 샐러리맨이되겠다는 생각도 들지 않았고요."

요스케라는 인물의 인생 여정이 파노라마처럼 눈앞에 펼쳐지는 것 같았다. 가업을 이어갈 후계자이자 미래에 집안을 일으킬 요스케는 가족들의 무한한 사랑과 관심을 받았다. 덕분에 붙임성 있는 태도와 미소를 갖게 됐다. 장사하는 집안이라 어렸을 적부터 많은 사람을 접해서일 수도 있다. 자신의 가게를 차리겠다고 결심한 것도 요스케에게는 매우 자연스러운 선택이 아니었을까.

"실은 그날부터 지금까지 계속 생각했어요. 그 숙제 말이에요."

'아, 그렇지. 요전에 그런 이야기를 했었지.'

"답을 찾았나요?"

"네, 계속성 있는 상품 말이죠? 뭔지 알아냈어요!"

"알아냈어요?"

"로열젤리나 프로폴리스 말고도 주변에 이것저것 많더라고요. 예를 들면 이 물수건과 저기 깔린 현관 매트 같은 것들이요. 저도 모르는 사이에 계속성을 갖춘 시스템에 완전히 빠져 있더라고요. 한심하게 그것도 모르고 당했지 뭐예요!"

사쿠라코는 피식 웃었다.

"혹시 틀렸나요?"

"아니요. 맞는 말인데 심각하게 진지한 태도를 보이니까 좀 웃겨서요."

사쿠라코는 계속해서 말했다.

"정수기도 그중 하나예요. 계약하기 전에는 어떤 정수기의 수질이 좋은지 한참 고민하지만, 계약만 하면 어찌 됐든 계속해서 같은 물을 마시게 되잖아요."

"그러네요. 아 그리고 프린터요! 프린터 본체는 얼마 안 하지만 잉크값이 엄청나게 비싸잖아요? 프린터 업체도 분명 잉크를 팔아서 이익을 얻고 있을 거예요."

"맞아요."

"음, 또 뭐가 있을까?"

요스케는 진심으로 억울한 표정을 지었다. 그리고 가게 안을 둘러보며 '계속해서 사게 하는 상품'을 찾았다. 마치 어린아이가 보물찾기 놀이를 하는 것 같았다. 사쿠라코는 그 모습을 보고 그만 웃음이 터졌다. 요스케의 매력은 이런 솔직한 모습에서 나오는지도몰랐다. 그리고 사쿠라코는 지금까지 이런 스타일을 가진 경영자의 성공 사례를 많이 알고 있었다.

'어쩌면 요스케도……'

"이 가게를 어떻게 해야 할지 해답을 찾았어요?"

"그건 아직 감이 안 와요. 하지만 계속 질문해야 한다고 의식적으로 생각하게 됐어요."

"아주 큰 변화네요. 잘했어요!"

사쿠라코는 지나치다 싶을 정도로 과하게 요스케를 칭찬했다. 무의식중에 나온 행동이었다. 덕분에 요스케는 기분이 좋아졌다.

사쿠라코는 자기 생각을 있는 그대로 말하는 편이지만 상대방을 무시하거나 의견을 들어보지도 않고 일방적으로 부정하지 않는다. 그리고 상대의 좋은 점이 보이면 그 자리에서 바로 칭찬한다. 요스케에게 했던 것처럼.

"사쿠라코 씨, 이야기를 좀 더 듣고 싶어요. 지금은 다른 세상의 일처럼 들리지만, 또 당장 해답을 찾을 수 없어도 당신의 이야기를 들으면 실마리를 찾을 수 있을 것 같아요. 아, 뭐라고 표현하기가 참 어렵네요."

사쿠라코는 진지하게 말하는 요스케의 모습을 물끄러미 바라보았다. 요스케가 지난 2주 동안 자신이 한 이야기를 곱씹으면서 스스로 질문을 해왔다는 사실을 듣고 매우 기뻤다.

"손님들이 계속해서 찾아주는 시스템을 만들려면 저희 가게 같은 음식점은 어떻게 해야 할까요? 매일 카레만 먹으라고 할 수는 없잖아요."

"무리라고 생각해요?"

"아뇨. 무리라고 생각하지는 않아요. 나는 할 수 있다, 내 생각대로 해보자, 이렇게 마음먹었어요. 그런데 그 생각이 좀처럼 떠오르지 않아요."

요스케가 약간 시무룩한 표정을 지었다.

'이 젊은 사장은 날마다 열심히 생각하고 있구나. 그럼 이쯤에서 힌트를 하나 더 줄까?'

사쿠라코는 의미심장한 미소를 지었다.

매달 다른 상품을 '무료'로 배송하다

♪ "어제 홋카이도에서 재미있는 가게에 갔어요."

사쿠라코가 다시 말을 꺼내자 요스케의 얼굴은 기대감으로 금세 환해졌다. 이번에는 또 어떤 재미있는 이야기가 나올까. 마치 매주 빼먹지 않고 챙겨 보는 만화영화 주제가가 막 시작됐을 때의 어린 아이 표정과 같다. 그 모습에 사쿠라코는 웃음이 터져 나오려는 걸 간신히 참았다.

"하긴 음식점은 그 벌꿀 회사에서 만든 구조를 만들기 어렵다는 생각이 들 수도 있겠죠. 하지만 제대로 된 시스템을 만들어서 손님들이 자기도 모르게 돈을 계속 내게끔 하는 가게가 홋카이도에는 있던데요?"

이쯤 되자 요스케는 사쿠라코의 이야기가 자신과 전혀 상관없지만은 않다고 생각했다. 그리고 속으로 곱씹었다.

'손님들이 자기도 모르게 계속해서 돈을 내게 한다고? 그런 환상적인 시스템이 꿈이 아닌 현실에도 존재하는 걸까? 만약 내가 손님이라면 가만히 당하고 있지는 않을 것 같은데.'

"자기도 모르는 사이에 요금이 부과되고 계좌에서 돈이 계속 빠져나가는 건가요?"

"하하하. 그건 아닌데, 좀 비슷한 면도 있네요."

"비슷한 면이 있다……."

'도대체 이 무슨 악덕 기업이란 말인가. 혹시…….'

"그 가게는 푸딩 가게였어요."

'푸딩……?'

머릿속에 조폭 무리가 늘어선 이미지를 상상하던 참에 '푸딩'이라는 단어가 나오자 요스케는 황당한 표정을 감추지 못했다. 그러나 언제나 그랬듯 사쿠라코는 그런 요스케의 표정 변화에는 전혀 개의치 않고 거침없이 이야기를 계속했다. 그녀는 이런 종류의 이야기하는 걸 굉장히 즐겼다. 요스케도 이제는 사쿠라코가 어떤 사람인지 조금 알 것 같았다.

'이 사람은 하루 세끼 먹는 밥보다 돈 버는 이야기를 더 좋아하는구나. 아니, 오히려 돈 버는 이야기를 반찬 삼아서 밥을 먹을 정도야. 어느 쪽이면 어떠하랴.'

"홋카이도의 관광지 후라노[富良野]에 있는 아주 유명한 푸딩 가게였어요. 혹시 우유병에 들어 있는 푸딩 알아요?"

"본 적이 있는 것 같기도 하고……."

"오히려 본토 사람들에게는 잘 알려지지 않았더군요."

"그 푸딩을 날마다 하나씩 먹게 되는 건가요? 어떤 방식으로요? 그 푸딩을 먹으면 건강에 좋다든지, 뭐 그런 효능이라도 있나요?"

요스케는 자기도 모르게 돈을 지급하는 시스템의 정체가 궁금해 조바심이 났다.

"틀렸어요. 매일 똑같은 푸딩을 먹는다면 누구라도 질리게 될걸요. 혹시 '서브스크립션 커머스(Subscription Commerce)'라는 말 들어 봤어요?"

"서브스크립션 커머스요?"

"몰라요? 한번 신청해 놓으면 한 달에 한 번씩 정기적으로 물건이 배달돼요. 그런데 일반적인 '정기 구매'는 매달 같은 물건이 배달되지만 '서브스크립션 커머스'에 가입하면 달마다 다른 물건이 배달되지요."

"그렇군요. 매달 다른 물건을 받는다. 그런데 그게 어쨌다는 거죠?”

한시라도 빨리 구체적인 내용을 듣고 싶은데 사쿠라코는 좀처럼 핵심을 말하지 않는다.

“이 푸딩 회사의 오너는 보통 사람이 아니에요. 먼저 파티시에가 되려고 수련을 받았어요. 그리고 언젠가 자신의 가게를 내겠다고 마음먹었을 때 그 사람이 어떻게 했는지 알아요? 웹 사이트나 디자인 공부를 해야겠다고 생각했어요.”

“정말이요?”

“그 이유가 뭔지 알아요?”

“잘 모르겠어요.”

“포장 디자인부터 카탈로그, 제품 촬영, 그리고 고객 데이터베이스 관리까지 모든 지식을 배우고 익혀서 혼자 힘으로 할 수 있도록 실력을 갖추려고 했어요. 그래서 데이터베이스 회사에 먼저 입사하고, 그 후에는 포장 디자인 회사에 들어갔어요.”

“파티시에를 하면서요? 대단한 사람인데요.”

“맛있는 디저트를 만드는 것은 기본이에요. 만약 모든 가게에서 같은 재료를 쓴다면 맛은 어느 정도 보장되죠. 하지만 그것만으로 완성도를 계산하면 약 80퍼센트 정도밖에 안 돼요. 나머지 20퍼센트를 추구해야 고객을 감동하게 할 진짜 디저트가 탄생하죠.”

“확실히 디저트는 어느 가게에서 먹어도 맛에 큰 차이가 없어요. 오

표6. 정기 구매와 서브스크립션 커머스의 차이

정기 구매: 같은 상품이 배달된다.

1월 푸딩	2월 푸딩	3월 푸딩	4월 푸딩 ......

서브스크립션 커머스: 종류가 다른 물건이 배달된다.

1월 푸딩	2월 치즈케이크	3월 무스케이크	4월 젤리 ......

히려 맛없는 경우가 드물죠."

"푸딩 가게 사장이 맛을 최우선으로 삼는 건 파티시에로서 당연하지만 특이한 점은 그것뿐만이 아니에요. 그는 고객을 감동하게 하기 위해 '겉모습'도 중요하다고 생각했어요."

"겉모습이요?"

"맛이 주는 감동에 겉모습 또한 멋지게 연출하면 고객의 마음을 사로잡을 수 있어요. 그게 데이터베이스와 포장 디자인을 공부한 그 사람의 강점이자 차별화 전략의 핵심이었어요. 그리고 더 대단한 건 처음부터 실제 점포를 여는 대신 '공중전'에 뛰어들었다는 거예요."

"공중전이요?"

"통신판매를 그렇게 불러요. 실제로 존재하는 가게로 손님을 어떻게 유치할지 고민하지 않고, 공중에서 경쟁이 벌어지는 통신판매 시스템 속으로 끌어모으는 전략. 그래서 '공중전'이에요."

"아아, 그렇군요! 그렇다면 통신판매 카탈로그라든가 웹 디자인을 예쁘게 꾸며서 매출을 높였다는 건가요?"

"설마요. 그렇게 단순한 이야기가 아니에요. 물론 디자인을 아름답게 만들기 위해 신경을 쓰긴 했죠."

그렇게 단순한 이야기가 아니라는 대답에 요스케는 약간 실망스러웠다. 하지만 분명히 뭔가 더 있을 것 같았다. 그것만으로 '자기도 모르게 돈을 계속 지급하는 시스템'이 만들어질 리가 없다.

'그건 그렇고 서브스크립션 커머스 이야기는 대체 언제쯤 나오려나.'

"두 번째로 고민한 건 '어디에서 할 것인가'였어요. 그리고 디저트라면 역시 홋카이도가 가장 좋다고 생각했죠. 처음에는 아사히카와로 갔지만 아무래도 거기는 아니다 싶었어요."

"아사히카와는 제 고향이지만, 좀 촌스러운 면은 있죠."

요스케의 이 말에도 사쿠라코는 전혀 반응을 보이지 않았다.

"그래서 그다음에는 후라노로 갔어요. 거기서 '바로 여기다!' 하는 생각이 들었어요. 드라마 야외촬영지도 만들어져 있고, 관광지로 지명도가 높은 곳. 홋카이도를 여행하는 사람 대부분이 여행 코스에 포함하는 유명한 곳이니까요."

"말 되네요."

"그리고 상권이 별로 좋지 않은 곳에 낡은 건물을 빌렸어요. 통신판매가 중심이라면 가게 위치는 어디든 상관없으니까요. 그래서 임대료가 싼 건물을 빌려 경비를 최대한 아꼈어요."

요스케는 어쩐지 찔리는 기분이 들었다. 도쿄타워가 보인다는 이유만으로 이 건물에 가게를 임대했다. 보이는 것에 현혹되어 정작 중요한 건 보지 못하고 덜컥 가게를 개업한 스스로가 부끄러웠다.

"후라노라면 분명히 임대료는 낮은 수준이었겠네요."

"장소에 따라 다르지만, 제곱미터당 2만 원 정도 되지 않을까요."

"그러면 66제곱미터(20평)에 40만 원이라는 거예요? 이 근처의 10분의 1밖에 안 되네요!"

"시작할 때부터 그 사람은 정말 현명했어요."

요스케는 임대료를 낮추는 일이 얼마나 중요한지 뒤늦게나마 깨달았다. 월세가 도쿄의 10분의 1 수준이라고 해서 푸딩 가격도 똑같이 10분의 1로 떨어질 리는 만무하다. 이는 곧 임대료가 낮은 곳에서 물건을 만들어 팔면 그만큼 이익이 커진다는 것을 의미한다.

"푸딩 가게 사장은 그 지역에서 파는 작은 우유병에 푸딩을 넣어 주력 상품으로 발매했어요. 그리고 지역 방송에 계속해서 홍보를 부탁했죠. 파티시에가 도쿄에서 후라노까지 일부러 이주해왔다고요. 의도적으로 화제를 만들었고, 결국 관광객들이 한 번씩 들르는 정기 코스에 푸딩 가게를 넣는 데 성공했어요."

"정말 대단한 사람이네요."

"더 재미있는 건 이 가게의 공간 활용법이에요."

사쿠라코는 가방에서 펜을 꺼내더니 찻잔 밑의 종이 코스터 (coaster, 컵 밑에 받치는 깔판)를 뒤집어 도면을 그리기 시작했다.

"여기 쇼케이스에는 푸딩과 여러 종류의 디저트가 진열되어 있어요. 그리고 매장 안에서 디저트를 먹을 수 있는 카페 코너도 마련되어 있고요. 이쪽 넉넉한 공간은 주문 코너예요."

표7. 푸딩 가게의 독특한 내부 구조

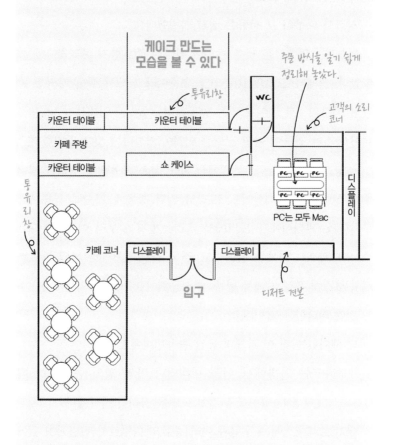

케이크 만드는
모습을 볼 수 있다

주문 방식을 알기 쉽게
정리해 놓았다.

통유리창

WC

고객의 소리
코너

카운터 테이블   카운터 테이블

카페 주방

카운터 테이블   쇼 케이스

디스플레이

통유리창

카페 코너   디스플레이   디스플레이

PC는 모두 Mac

입구

디저트 견본

"주문 코너요?"

사쿠라코가 그리는 가게 내부 도면에는 널찍한 주문 코너가 있었다.

"여기에는 매킨토시 컴퓨터가 몇 대 놓여 있어요. 처음 간 사람들은 '이 공간은 뭐지?' 하고 생각하겠죠. 하지만 정말 세련되고 멋진 공간이에요. 손님이 직접 매킨토시를 사용해서 간단하게 주문할 수 있죠. 매킨토시가 지금처럼 널리 보급되지 않은 시절부터 매장에 배치했어요."

"컴퓨터가 매킨토시라는 것만으로도 상당히 세련돼 보일 것 같아요."

"맞아요. 게다가 오너인 파티시에가 직접 웹 사이트를 만들었어요. 손님들이 쉽고 편리하게 쇼핑할 수 있도록 맞춤형 주문 사이트를 만들었죠."

"그렇겠네요! 여행의 기분에 한껏 들뜬 관광객들이 '모처럼 여기까지 왔으니까'라고 생각하면서 자기도 모르게 여러 상품을 구매할 것 같아요."

"바로 그거예요. 관광객들은 일상생활에서 벗어났다는 사실에 해방감을 느껴요. 그들의 이런 감정과 욕구를 기가 막히게 계산한 거죠. 그리고 그뿐만이 아니에요."

사쿠라코는 요스케에게만 특별히 이야기해주겠다는 표정으로 말했다.

"통신판매의 경우 사는 사람으로서는 배송료가 아깝게 느껴져요. 파는 사람은 당연하게 받아 챙기고요. 뭔가 이상하다고 생각하지 않아요?"

'통신판매로 물건을 사면 물건 크기에 따라 배송료가 붙는 게 당연하지 않나요?'

요스케는 그렇게 말하려고 했지만 사쿠라코는 틈을 주지 않고 말했다.

"물건을 팔기 위해 고액의 광고비를 쓰기도 하죠. 또 손님에게 물건값을 깎아주거나 덤으로 다른 상품을 끼워주기도 하는데, 왜 몇천 원 정도의 배송료는 꼭 받는 걸까요?"

'듣고 보니 그렇다.'

"결국, 상식이라고 여겨지는 것들을 조금만 바꾸면 거기서 엄청난 아이디어가 탄생해요. 이 푸딩 가게는 '배송료 무료'라는 전략을 활용해서 고객을 끌어당기고 있어요. 바로 서브스크립션 커머스로 말이에요."

'드디어 나왔다. 서브스크립션 커머스!'

"서브스크립션 커머스는 매달 종류가 다른 과일이나 와인을 배달해주는 판매 방식이에요. 여기서는 매달 다른 푸딩이 배달돼요."

"잠깐만요. 여기까지 이야기를 정리하면 후라노에 여행을 가서 관광 코스로 푸딩 가게에 들르고, 거기서 자기도 모르게 이것저것 상품을 주문하게 된다는 거죠. 그런데 집에 돌아가면 그곳까지 푸딩이나 케이크가 배달되는 거네요. 그래서 어떻게 되는 거예요? 손님들은 어떻게 서브스크립션 커머스에 참여하게 되는 거죠?"

고객이 찾아주기만을
기다리지 마라

사쿠라코는 요스케가 조금씩 변하고 있음을 느꼈다.
이야기를 가슴으로 받아들이고, 생각하고, 해답을 끌어내려고 한다.
상대방이 이런 모습을 보일 때 사쿠라코 역시 흥미진진해진다.

"이 오너 파티시에가 대단한 건 더 이상 디저트의 '맛'으로는 다른 가게와 차별화를 꾀할 수 없다는 사실을 알고 있었다는 점이에요. 홋카이도의 산지 재료를 이용해 케이크나 푸딩을 만들면 어느 회사가 됐건 어떤 파티시에가 됐건 비슷한 수준의 제품을 만들 수 있어요. 일반적으로 파티시에라면 자신의 제품에 애착과 자부심이 있어서 좀처럼 그런 발상을 할 수가 없죠. 요스케 씨도 수프카레 맛은 누구에게도 뒤지지 않는다고 생각하니까 카레 맛에서 벗어난 발상은 좀처럼 하기 어렵잖아요?"

"그건 그렇습니다. 뭔가를 만드는 사람은 자부심도 집착도 강한 편이니까요. 맛에는 자신 있지만 그게 돈이 되지는 않는다고 딱 잘라 말할 수 있다니 정말 대단하군요."

"그 오너 파티시에는 고객과의 관계를 만드는 게 얼마나 중요한지 알고 있었어요. 정말이지 치밀한 시나리오를 짜 놓았거든요. 먼저 상품을 구매한 고객들에게 일곱 번에 걸쳐서 메일을 보냈어요."

"일곱 번이나요?"

"'안녕하세요. 홋카이도 여행은 잘 다녀오셨나요? 즐거우셨는지요? ○월 ○일에 생초콜릿 롤케이크를 출하했는데 맛있게 드셨는지 궁금하네요. 이 롤케이크의 특징은…….' 이런 내용의 메일을 잊어버릴 만하면 한 번씩, 일곱 차례에 걸쳐서 보냈어요. 그러면 고객은 즐겁고 맛있었던 홋카이도 여행의 추억을 떠올리면서 '아, 또 가고 싶다. 그때 먹었던 맛있는 푸딩을 한 번 더 구매해볼까?' 이렇게 생각하게 되죠."

"아, 알았어요. 그래서 '배송료 무료'로 보내주는 거군요!"

"오오, 정답이에요. 어차피 몇 번에 걸쳐 정기적으로 구매할 거라면 아예 서브스크립션 커머스 회원으로 등록해서 배송료를 면제받는 게 이익이니까요. 4월은 딸기 타르트와 쇼콜라 무스, 5월은 프로마주(fromage, '치즈'를 뜻하는 프랑스어)와 마들렌, 이렇게 매달 계절에 어울리는 디저트를 집에서 편하게 즐길 수 있다고 홍보해요. 고객이 충분히 생각하고 결정을 내릴 만한 타이밍에 절묘하게 말이죠. 또 매달 어떤 디저트가 배달될지 궁금해하도록 기대 심리를 부추기기도 해요. 이게 바로 한번 신청하면 자기도 모르게 계속 돈을 지급하게 되는 시스템이에요."

"정말 대단해요. 감동적일 정도예요!"

"어느 기업이든지 고객들이 연속적으로 자사의 상품을 구매해주기를 바라죠. 하지만 푸딩 가게라고 해서 푸딩 외에는 팔 게 없다고 단념할 것인가, 아니면 고정관념을 깨뜨리고 기존의 상식을 벗어난 행동을 취할 것인가, 그 차이에요. 서브스크립션 커머스라는 시스템을 이용해서 성공한 사례가 바로 이 후라노의 푸딩 가게예요."

"가게 내부 구조부터 평범하지 않아요. 그 자리에서 주문하게 하고, 그 정보를 이용해 메일을 보내고 고객과 관계를 구축하는 것도요. 분명히 가게 내부 구조도 전략에 맞춰 설계됐을 거예요."

"맞아요. 메일이나 SNS를 이용해서 메시지를 보내는 기업도 많지만, 그걸로 끝나거나 고객이 찾아주기를 무작정 기다리는 곳이 많아요. 더 많은 고객을 유치하기 위한 아이디어는 얼마든지 있어요. 얼마나 철저히 준비하느냐가 관건이죠."

"그렇군요. 그런 거였어……."

"어때요? 해답이 좀 보여요?"

의미심장한 요스케의 얼굴을 들여다보면서 사쿠라코가 흥미롭다는 듯이 물었다.

"글쎄요. 저는 매달 다른 수프카레를 레토르트 식품(조리·가공한 식품을 알루미늄 따위로 만든 주머니에 넣어 밀봉한 후에 레토르트 솥에 넣어 고온에서 가열·살균한 식품 - 옮긴이)으로 만들어서 배달하는 서브스크립션 커머스를 해야겠네요."

"그건 안 될 말이에요. 레토르트 식품 개발에 돈이 얼마나 들어가는지 알아요? 게다가 여기 손님들은 근처에서 오는 단골들뿐이잖아요. 레토르트 식품이 배달되기를 기다리느니 가게로 먹으러 오는 게 빠르니까 절대 회원으로 가입하지 않을 거예요."

"아, 그렇겠군요."

사쿠라코에게 한마디로 거절당했지만 요스케의 마음에는 지금까지와는 다른 감정이 생겼다. '나도 어쩌면 할 수 있을지 몰라'라는 희망이었다. 생각을 거듭하면 좋은 아이디어가 떠오를 것만 같았다. 그런 희망을 스스로 품었다는 것만으로도 무척 설렜다.

'오랜만에 가슴이 뛰는걸.'

'카페 보텀'을 시작했을 때 느꼈던 기대감이 온몸을 감싸는 느낌이었다. 오랜 시간 잊고 살았던 기분 좋은 흥분 상태에 빠져들었다.

고객이 자기도 모르게 지갑을 열게 하라

한번 가입하면 취소하지 않는 한 매달 돈을 내는 상품들이 있지요. 요스케 씨가 말한 물수건 배달이나 현관 매트 클리닝 서비스, 프린터의 잉크 교환, 정수기 등등. 신문도 그렇습니다. 유료로 받아보는 이메일 잡지도 있고요.

이처럼 계속 사야 하는 상품을 보유한 회사는 이익을 내기 쉽습니다. 정기 구매 시스템을 만든다면 가장 바람직하겠지요.

그러나 업종에 따라서 그 시스템을 도저히 만들 수 없는 경우도 있습니다. 푸딩 가게만 하더라도 그래요. 푸딩을 매달 정기적으로 배달시켜서 먹는 사람은 없다고 생각해 체념할 수도 있었습니다. 하지만 기존 상식을 깨뜨리고 서브스크립션 커머스라는 형태로 다양한 디저트를 판매한 건 그야말로 '신의 한 수'였습니다.

더구나 처음부터 통신판매의 형태로 상품을 판매할 생각으로 거주지를 홋카이도로 옮겼어요. 그리고 단 한 번 찾아온 손님에게도 끈질기게 연락을 취해서 관계를 구축했고, 결국 서브스크립션 커머스 회원으로 가입하게 했어요. 이런 일련의 움직임은 훌륭한 비즈니스 모델이라고 할 수 있습니다.

정기적으로 구매하기 어려운 상품을 판매할 방책으로 서브스크립션 커머스를 도입해 보면 여러 재미있는 아이디어가 떠오를지도 모릅니다.

레토르트 카레 배달이라는 서브스크립션 커머스 방안을 꺼냈다가 거절당한 요스케 씨는 어떤 아이디어를 생각해낼까요? 발상은 나쁘지 않았지만 가게 근처에서 찾아오는 단골손님들이 주요 고객인 상황에서는 현실성이 떨어졌습니다.

임대료가 저렴하고 디저트가 맛있기로 소문난 홋카이도 후라노에 정착한 푸딩 가게 사장님. 그분의 이야기에서 요스케 씨가 이번에는 큰 힌트를 찾아낼지도 모르겠군요.

제4장

여유를 갖고 치밀하게
단계를 밟아라

4천 원의 머그잔으로
4억짜리 집을 파는 방법

손님을 유혹하는
가게 만들기

🍮 그날도 사쿠라코는 마지막 비행기로 도쿄 하네다 공항에 도착해 택시를 타고 집으로 향했다. 당일치기 출장이 잡혀서 아침 첫 비행기로 에히메[愛媛] 지방으로 날아가 마쓰야마[松山] 시에서 경영자들을 대상으로 강연했다. 이후에 열린 간담회까지 참석한 후 간신히 마지막 비행기를 타고 도쿄에 돌아왔다.

하룻밤 느긋하게 머물고 싶었지만, 다음 날 첫 일정으로 거래처와의 중요한 미팅이 잡혀 있어서 일찌감치 출근해야 했다. 당일치기 출장이야 익숙해졌지만, 사람들 앞에서 강연하는 건 고도의 집

중력을 발휘해야 하는 일이다. 청중을 휘어잡기 위해 많은 에너지를 소모하게 되는데, 강연을 끝내고 단상에서 내려오면 온몸의 신경이 곤두선 듯한 느낌이 든다. 호흡을 가다듬고 긴장을 풀어주지 않으면 숙면하기 어려울 정도다.

'아예 한잔하고 집에 갈까.'

집 앞에 도착한 사쿠라코는 택시에서 내려 집과 반대 방향으로 걸어가기 시작했다. 목적지는 요스케의 가게 '카페 보텀'이다. 선택의 여지가 없다. 이 동네에서 늦은 시간까지 영업하는 곳은 거기뿐이니까.

100미터만 걸어가면 바로 요스케의 가게가 있다. 생각해보니 이 동네에는 고층아파트가 참 많다. 도심에 사는 사람들은 대개 고소득층이고 생활 스타일도 각양각색이다. 밤늦은 시간에 이 근처의 다른 가게는 모두 문을 닫는다. 유일하게 문을 연 '카페 보텀'을 주민들이 자주 찾아주면 좋겠다고 사쿠라코는 생각했다. 하지만 도심에 사는 고소득자들은 도쿄타워 뒷골목 카페가 아니라 분위기 있는 고급 술집으로 간다.

'카페 보텀' 입구에 도착했을 때 사쿠라코는 이런 결론을 내렸다. 누가 봐도 평범한 커피숍으로 보이는 인테리어 그대로 카페를 차렸으니, 술 한잔하고 싶은 사람들이 가게 앞을 지나가도 들어올 확률은 매우 낮다. 사쿠라코는 이미 단골손님이 되었지만 말이다. 이제 그녀에게 '카페 보텀'은 자신만 알고 있는 아지트다. 앉아 있으면 마음이 편해지는 소중한 장소가 되었다.

가게 문을 열고 들어가자 의외의 목소리가 그녀를 맞이했다.

"어서 오세요, 선배님."

사쿠라코의 동료 가와다였다. 그는 카운터 테이블에 앉아 한 손을 가볍게 흔들었다.

"어서 오십시오."

카운터 테이블 안쪽에서 가와다와 마주 보고 서 있던 요스케가 반갑게 인사했다.

"가와다, 여기 있었어?"

"안 그래도 선배 이야기를 하던 중이었어요. 지금쯤 출장에서 돌아올 시간이니 아마 여기에 들를 것 같다고요."

"기다리고 있었습니다, 사쿠라코 씨."

사쿠라코는 가와다 옆자리에 앉으면서 볼멘소리를 했다.

"뭐야, 여긴 나만 아는 아지트였는데."

"무슨 소리예요. 전에 여기서 점심 먹자고 선배가 직접 데리고 왔잖아요."

"고맙습니다. 가와다 씨는 그 후로도 몇 번이나 저희 가게에 와 주셨어요."

요스케가 사쿠라코에게 웃으면서 감사의 인사를 전하자 가와다가 말했다.

"이 근처에 이렇게 맛있는 수프카레 집이 있을 줄이야. 그 이후로 이 집 수프카레 맛에 중독돼서 자꾸 오게 돼요."

"여긴 수프카레 전문점이 아니라 카페죠?"

사쿠라코가 요스케에게 웃으며 말했다.

"그러네요. 이렇게 늦은 시간에도 술을 파니까 일단은 카페가 맞네요."

"어, 저는 그냥 밤늦게까지 영업하는 수프카레 집인 줄로만 알았어요. 아 참, 저는 이미 먹었는데, 선배님은 저녁 드셨어요?"

"아, 나도 아까 에히메에서 간단하게 먹었어. 오늘은 집에 가는 길에 가볍게 한잔하려고 온 거야. 와인이라도 마실까? 하우스 와인 주세요. 레드 와인으로요."

"알겠습니다."

요스케가 와인 잔을 꺼낸다.

"가와다 씨와 요스케 사장님, 서로 비슷한 세대 아닌가?"

"안 그래도 지금 막 물어봤는데, 글쎄 같은 학번이더라고요. 저는 생일이 빨라서 올해 서른한 살이고요."

둘 다 사쿠라코보다 열두 살 이상 어리다. 가와다는 사쿠라코의 오른팔과 다름없는 부하 직원으로 맹렬하게 돈을 벌어들이고 있다. 동갑인데도 두 사람의 연봉 차이는 상당하다. 사쿠라코는 자기도 모르게 머릿속으로 그런 계산을 했다.

"선배님, 여기 있는 요스케 씨 대단한 사람이에요. 선배 이야기를 듣고 자극을 받아서 여러 가지 새로운 아이디어를 생각해냈더라고요."

"아니, 아이디어라고 할 만한 건 아닌데……."

사쿠라코 앞에 레드 와인이 담긴 잔을 놓으면서 요스케가 멋쩍어하며 말했다.

"그래? 어떤 아이디어일까? 어디 한번 들어볼까요?"

"아유, 별것도 아닌데."

말은 그렇게 했지만 요스케는 자신의 생각을 사쿠라코에게 평가받고 싶은 눈치다. 그걸 알아차린 가와다가 말했다.

"요스케 씨는 홋카이도의 푸딩 가게와 오카노카미 사장님의 벌꿀 회사 이야기를 듣고 어떻게 하면 이 가게에도 응용할 수 있을까 고민했대요."

"그게……. 저도 손님들에게 메일을 일곱 번 보내볼까 해요!"

요스케는 상기된 얼굴로 자기 생각을 털어놓았다.

"메일을 일곱 번 보내요?"

사쿠라코는 잠시 아무 말도 하지 않았다. 그리고 요스케는 들뜬 표정으로 계속 이야기했다.

"손님들에게 메일 주소를 받아서 정기적으로 보낼까 해요."

"음, 그렇군요."

계속 찾게 만드는
단계별 전략

 사쿠라코는 상대방의 말을 끝까지 들어보지도 않고 결론을 내리지는 않는다. 일단 이야기를 듣고 나서 핵심을 찌르는 질문을 던진다.

"어떤 내용의 메일을 보내시게요?"

"그러니까……."

사쿠라코의 질문이 갑작스러웠는지 요스케는 긴장했다. 하지만 최선을 다해 자기 생각을 설명하기 시작했다.

"먼저 가게를 찾아주신 것에 감사 인사를 드릴 거예요. 그다음에

'오늘 저희 가게의 점심 메뉴는 ○○카레입니다. 후식으로 직접 로스팅한 원두로 커피를 끓여드립니다'라고 그날의 메뉴를 소개하면 어떨까요?"

"글쎄요."

사쿠라코는 차분한 어조로 말했다.

"하지만 여기 오는 사람들은 대부분 이 근처에서 일하는 단골손님이잖아요. 카레나 커피에 대한 정보는 이미 다 알고 있을 것 같은데요."

"생각해보니 그러네요."

"단골손님들은 요스케 씨가 따로 홍보하지 않아도 계속 가게를 찾아줄 거예요. 차라리 후식으로 커피 외에 다른 메뉴를 추가하거나, 친구나 동료를 데리고 올 수 있도록 유도하는 게 더 좋지 않겠어요?"

"그, 그렇겠네요."

"또 메일을 보낼 사람들은 어떻게 늘려갈 생각이에요? 다시 말해서 새로운 고객을 유치하는 게 중요한데, 아무래도 '미끼'가 필요하겠네요."

"미끼요?"

"일단 미끼로 유인하고 단골손님으로 만들려면 전략이 있어야겠죠. 한 번 온 손님이 두 번 세 번 올 수 있도록 전략을 짜고 그 전략

중 첫 번째 단계로 메일을 보내야 한다는 거예요."

"오오, 선배님. 본격적인 컨설팅 시작인데요."

가와다가 옆에서 재미있다는 듯이 거들었다.

"안 그래? 이렇게 맛있는 수프카레를 만들 수 있는데 아깝잖아. 돈 버는 건 사실 어렵지 않은데 말이야."

"또 나왔네요, 그 말! 도야마 사쿠라코의 전매특허 대사, '돈 버는 건 사실 어렵지 않아요. 이 사쿠라코에게는 다 보여요.'"

"가와다!"

"사장님, 우리 사쿠라코 선배는 진짜 대단한 사람이에요."

가와다가 웃으면서 요스케에게 말했다.

"네, 저도 알아요."

"알고 있었어요? 선배는 연 매출 30억 원이었던 회사를 단 3년 만에 3천억 원으로 올려 놨다고요."

"네?"

"선배에게 경영 컨설팅을 받으면 어떤 기업이든 매출이 100배는 뛰어요."

"진짜요?"

"진짜예요. 10억이 천억으로 늘어나요. 이래 봬도 나, 꽤 잘나가는 컨설턴트예요."

사쿠라코가 끼어들면서 말했다.

"다만 선배는 현장 스타일 컨설턴트예요."

"현장 스타일이 뭐 어때서?"

"좋은 의미로 하는 얘기예요. 이론을 내세우기보다는 현장에 뛰어들어 영업사원들의 이야기를 직접 듣죠. 그렇게 철저하게 살피면서 실적을 쌓아가고 있어요. 선배, 내 말이 맞죠?"

"나는 '현장'이 좋아요. 경영자와 직접 이야기하고 점포를 눈으로 보고, 직원들과 함께 시스템을 바꿔나가는 거죠. 결과가 좋으면 고객들도 함께 기뻐해주잖아요. 그 얼굴을 보면서 보람을 느껴요."

사쿠라코는 즐거운 표정으로 말했다.

"그래서 전국 각지를 그렇게 돌아다니는군요."

요스케는 그제야 사쿠라코가 어떤 일을 하는지 알게 되었다.

"사쿠라코 씨가 해주시는 말씀, 제게는 많은 공부가 됩니다."

"그렇다니까요, 사장님. 선배에게 컨설팅을 받으면 한 시간에 얼마인지 아세요? 엄청나게 비싸요."

가와다는 이렇게 말하면서 슬슬 집에 갈 채비를 했다.

"그럼 저는 이만 들어가 볼게요."

"아, 고맙습니다. 조심히 들어가세요."

"가와다는 아직 신혼이라 한밤중에 이런 데서 카레를 먹을 게 아니라 와이프가 손수 해주는 음식을 먹어야 하는데."

"아니, 잠깐만요. '이런 데'라는 표현은 좀 너무한 거 아닙니까?"

요스케가 웃으면서 항의했다.

"부인을 너무 외롭게 하면 나중에 여기 사장님처럼 팔자에 없는 홀아비 신세가 될지도 몰라. 하하하."

"저기, 오늘 너무 마신 거 아니에요?"

"천만에요."

고객의 취향을
저격하라

"커피 한잔 드세요."

가와다가 돌아간 후 조용해진 가게. 요스케는 사쿠라코에게 커
피를 가져다주었다.

"고마워요."

"저기, 사쿠라코 씨."

"왜요?"

"아까 말씀하신 그 '미끼'라는 게 뭐예요?"

"아아, 미끼."

사쿠라코는 잔을 들어 커피를 한 모금 마셨다.

"말 그대로예요. '주력' 상품으로 유인하기 위한 '미끼' 상품이죠. 벌꿀 회사를 예로 들면 벌꿀은 미끼 상품이고, 로열젤리와 프로폴리스는 주력 상품이에요."

"아, 그러네요."

"푸딩 가게의 경우에는 '후라노'라는 관광지가 미끼였던 셈이죠. 일단 후라노까지 오게 한 후에 손님을 꽉 낚아채는 거예요."

"후라노가 미끼라고요? 장소도 미끼가 될 수 있군요."

"정말로 돈을 벌어다 주는 주력 상품은 대부분 비싸고 정기적으로 구매해줄 고객이 있어야 해요. 하지만 갑자기 그런 물건을 사라고 하면 누가 덜컥 사겠어요? 그러니까 처음에는 부담 없이 살 수 있는 '미끼'를 상품이나 서비스로 제공해서 잠재 고객의 폭을 넓히는 거예요. 미끼를 던져서 고객들을 끌어모으고, 그러고 나서 주력 상품으로 유도하는 거죠."

"그렇군요."

커피가 담긴 잔을 바라보면서 사쿠라코는 말했다.

"재미있는 이야기 들려줄까요? 아이치[愛知] 현에 가면 4천 원짜리 머그잔을 미끼 상품으로 제공해서 주택을 판매하는 주택건설 업체가 있어요."

"4천 원짜리 머그잔 하나로 집을 판다고요? 어떻게 그럴 수가 있죠? 빨리 얘기해주세요!"

"우리가 살면서 가장 비싼 값을 치르고 사는 물건이 집이잖아요? 내 집 마련은 모든 사람의 꿈이고, 모델하우스는 아마 한두 번씩 둘러봤을 거예요."

"하지만 저는 당장 살 능력도 안 되는데, 괜히 갔다가 영업하는 분들에게 붙잡힐까 봐 잘 안 가게 돼요."

"맞아요. 그래서 주말이 되면 모델하우스는 사람들을 끌어모으기 위해 다양한 이벤트를 열어요. 시선을 끌기 위해 만화 캐릭터를 활용하거나 무료로 초상화를 그려주기도 하고요."

"그게 '미끼'군요."

"맞아요. 하지만 이벤트만으로는 충분하지 않죠."

"그거야 내 집 마련의 꿈은 꿈일 뿐이고, 집을 사려면 돈이 있어야 하니까요."

"그 주택건설 회사가 세운 모델하우스에는 특이한 점이 있어요. 누가 봐도 인테리어 가게처럼 꾸며 놨어요."

"인테리어 가게요?"

"세련돼 보이는 가구와 독특한 인테리어 소품을 진열해 놨어요. '감각적인 소품으로 완성되는 라이프 스타일'이라는 광고 카피로 어울릴 만한 문구가 연상되는 곳이죠."

"매니저 감각이 남다른가 봐요."

"찾아오는 손님은 거의 젊은 여성들이었어요. 그들에게 '이렇게 멋진 소품들로 집을 꾸미고 싶다. 언젠가 결혼하면 여기에 있는 가구들로 집을 채우고 싶다'는 생각이 저절로 들게 하는 곳이었죠."

"그렇겠네요. 어떤 가게인지 대충 그림이 그려져요."

"그런데 그 가게에서 무언가를 사면 재방문했을 때 사용할 수 있는 50퍼센트 할인 쿠폰을 줬어요. 3주 정도 유효 기간을 두고요. 만약 손님이 3주 안에 다시 가게를 방문하면 그때는 물건을 반값에 살 수 있어요. 그리고 그 손님은 또다시 50퍼센트 할인 쿠폰을 받게 되죠. 이걸 세 번 반복해요. 3주 안에 사용해야 하는 50퍼센트 할인 쿠폰을 세 번 받는 동안 가게 직원은 손님과 이야기를 주고받으면서 친밀한 관계를 쌓아요."

"푸딩 가게의 메일과 같네요."

"맞아요!"

사쿠라코는 신이 나서 이야기를 계속했다.

"고객과의 관계는 연애하는 것과 같아요. 사귀고 싶은 사람과 첫 데이트를 하고 그다음 약속을 잡지 않는 경우는 없잖아요? 첫 만남부터 제대로 접근하는 게 중요해요. 그 이후에는 짧게 자주 만나면서 연인 사이로 발전하게 되는 거죠."

"그건 그렇죠."

"그러니까 그 원리를 살려서 시스템을 만들어야 해요."

'고객과 연애하는 것처럼 해라.'

맞는 말이다. 요스케 역시 마음에 드는 여자가 있으면 일단 어떻게든 만남의 기회를 만들려고 애썼을 것이다.

"인테리어 가게는 지역의 젊은 여성들에게 인기가 많았어요. 그 기업에서 신입사원을 채용하기 전에 기업 설명회를 개최했는데, 여학생들이 대거 참석하는 현상이 벌어졌죠. 그 광경을 목격한 사장님은 '이 여학생들도 미래의 고객이 아닌가?' 하는 생각이 들었어요. 어차피 거액을 들여 개최한 만큼 그 기회를 잘 활용해서 미래의 고객을 잡아야겠다고 생각했어요."

"네? 그럼 기업 설명회가 미끼인 건가요?"

"아니요. 그건 아니에요. 말하자면 미끼 제공 이전에 이루어지는 '알림'이라고나 할까. 설명회는 회사의 이념을 설명하고 훌륭한 인재를 채용하기 위해서 정식으로 개최하는 거고, 미래의 고객을 유치하기 위해 이런저런 기회를 모두 활용해보겠다는 거예요.

설명회가 끝나고 참석했던 사람들이 집으로 돌아갈 때 담당자는 '이거 어머님 갖다 드리세요' 하면서 4천 원 상당의 머그잔과 인테리어 소품 50퍼센트 할인권을 선물로 증정했어요."

"그 머그잔이 미끼로군요."

"그런 셈이죠. 목적은 설명회에 왔던 사람들이 각자 집으로 돌아가서 가족들과 함께 이 회사의 이야기를 나누도록 만드는 거예요. 왜냐하면, 입소문은 한두 사람에 의해 만들어지는 것이 아니니까요. 선물을 받은 사람들은 주로 여성이니까 엄마와 이야기를 나누게 되겠지요. 그리고 기업 설명회에서 받은 회사의 좋은 이미지에 관해 이야기할 거예요."

"그렇군요. 그리고 할인 쿠폰에 사용 기한이 적혀 있으니 그 기간 이내에 가게를 한 번은 찾아오겠군요."

"네. 그러면 직원이 최선을 다해 고객을 접대하는 거예요. 고객이 3주에 한 번씩 방문하는 걸 세 번 반복하는 동안에요. 그러는 동안 고객은 매장에 진열된 가구들에 시선이 가고 '이 집 가구 꽤 괜찮네'라는 생각이 들게 되죠."

"그 주택건설 업체는 가구도 판매했군요. 머그잔에 인테리어 소품에 가구까지, 점점 규모가 커지는데요."

요스케는 빨리 그다음 이야기를 듣고 싶었다.

"그래서 사람들은 가구를 샀나요?"

"아니요. 가구는 팔지 않았어요."

"가구는 판매용이 아니었나요?"

"판매용이기는 했지만, 직원은 '사지 않으셔도 됩니다'라고 말했어요."

"도대체 무슨 뜻이죠?"

은근슬쩍 판매 상품
바꿔 놓기

 사쿠라코의 이야기는 계속됐다.

"이제부터가 진짜 재미있어요."

"조금 전에도 말했지만, 이 가게에는 귀여운 인테리어 소품에 끌려서 찾아오는 사람이 많았어요. 대부분 손님이 젊은 여성이었죠. '언젠가 결혼해서 집을 꾸밀 때 이 가게의 가구를 사고 싶다'는 생각을 자연스럽게 품게 되죠. 그리고 반복해서 가게를 방문하다 보면 진짜 그 가구를 사는 날이 와요.

이때 직원이 어떻게 행동하는지 궁금하죠? 가구를 보러 온 손님을 데리고 자사 모델하우스로 가는 거예요. 그리고 멋지게 꾸며 놓은 인테리어에 어울리도록 전시한 가구를 가리키면서 이렇게 말해요. '보세요. 언젠가 내 집을 사면 이렇게 인테리어를 하겠죠. 그때 그 집 구조에 맞춰 가구를 배치해야 공간 효율성도 살리고 지진에도 대비할 수 있어요. 그러니까 지금은 가구를 사지 않는 게 더 낫습니다.' 이렇게 설명하는 거예요."

"상당히 양심적인 조언이네요."

"그렇죠. 일단 매출은 확실히 덜 오르겠죠. 그런데 그 후에 직원은 이렇게 제안해요. '일단은 집 구조와 상관없이 들여놓을 수 있는 소파와 식탁, 침대 이 세 가지 품목만 구매하시는 게 어떨까요? 집을 사기 전까지만 사용할 목적으로 저렴한 가구를 사는 사람도 있지만 그건 돈 낭비라고 생각합니다. 오래 튼튼하게 사용할 수 있는 큼지막한 소파, 손님이 와도 앉을 수 있는 6인용 식탁, 수면의 질을 보장해주는 고급 매트리스 침대, 우선 이 세 가지만 사는 게 좋습니다'라고요."

"시중에는 저렴한 가구도 많이 나와 있으니까요."

"맞아요. 하지만 그런 가구는 몇 년 사용하면 꼭 망가지잖아요. 그게 얼마나 낭비인지를 고객에게 알려주는 거예요. 장차 내 집을 마련했을 때도 사용할 수 있는 가구를 미리 사두면 나중에 붙박이형 장롱이나 그릇장만 맞추면 된다고 얘기해주는 거죠."

"내 집 마련이요? 어느새 고객을 모델하우스로 데리고 오는 데 성공했네요? 별다른 행사를 연 것도 아닌데요."

"바로 그거예요! 알아차렸군요. 요스케 씨, 눈치가 빠르네요. 이제 부터 가구에서 주택으로 판매 상품을 슬쩍 바꿔 놓는 거예요."

"판매 상품을 슬쩍 바꾼다고요?"

"혼수를 장만하러 온 예비 신혼부부들에게 주택 구매에 관해서 설명하는 거예요. 결혼식 날짜만 잡고 다른 준비는 아직 못 한 커플들에게요. '35년 장기 상환으로 융자를 얻어 서른 살부터 갚기 시작하면 예순다섯이 되어야 상환이 끝납니다.' 이 말을 들은 커플들은 깜짝 놀라요. 시기를 앞당겨 스물다섯 살에 결혼해도 예순은 돼야 융자금 상환이 끝나니까요."

"하지만 그렇게 젊은 사람들이 갑자기 집을 살 수는 없잖아요?"

"그렇긴 하지만 '언제까지 월세를 내면서 살 건 아니죠?' 하고 물으면 역시 언젠가는 내 집을 마련하고 싶다는 대답이 돌아와요. 그러면 지금부터라도 차근차근 계획을 세워야 한다고 말해주죠."

"역시 그런 식으로 고객을 설득하는 거군요."

"그리고 결혼 준비를 하면 양가 부모님이 한자리에 모일 기회가 생기잖아요. 그러니까 '언제 한번 부모님을 모시고 재테크 세미나에 오시지 않겠습니까?' 하고 제안해요."

"세미나요?"

표8. 머그잔으로 주택 판매하기

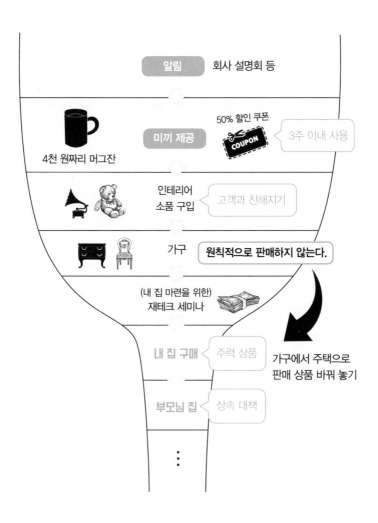

"정기적으로 재테크 관련 세미나를 개최하고 있으니 부모님과 함께 방문해서 재산을 불리는 데 좋은 정보들을 접해보라고 권유하는 거예요."

"세미나도 그 회사에서 주최하는 건가요?"

"물론이에요. 사람들이 세미나에 참가하면 이제 두 번째 단계까지 성공한 거예요."

요스케의 머릿속엔 깔때기 안에서 뱅글뱅글 회전하듯이 아래를 향해 미끄러져 내려가는 젊은 커플의 모습이 떠올랐다.

"세미나에 양가 부모님이 참석하면 이렇게 설득해요. '어머님, 아버님. 자녀들이 결혼하기 전에 신혼집을 빌리려면 부동산에 지급할 중개료, 임대 보증금, 달마다 내는 월세, 가구 구매비 등 몇 천만 원의 거액이 듭니다. 만약 자녀들이 10년 후 4억짜리 주택을 짓는다고 가정하면, 대출금 이자는 지금보다 오를 가능성이 높고, 10년 동안 다달이 집주인에게 낸 월세는 그대로 사라집니다. 그만큼 경제적인 부담이 더 커지게 된다는 말입니다.

그런데 만약 신혼집을 빌리는 데 드는 비용으로 초기 자금을 만들어 집을 짓고 장기 융자 상환 계획을 세운다면, 결과적으로 낮은 금리로 돈을 빌릴 수 있고 월세 등으로 나갈 돈만큼 대출금 상환 시기를 앞당길 수 있어요. 평생 주택에 드는 비용을 훨씬 절약할 수 있죠.'"

"우와."

"부모님 세대들은 '아깝다'는 말에 무척 민감하게 반응해요. 이제 막 결혼한 자식들이 젊었을 때부터 월세를 내면서 사는 게 얼마나 안타까운 일인지 금방 이해하죠."

"그럴 바에는 차라리 집을 짓는 게 낫다고 여기나요?"

"그렇죠. 여자 쪽 부모님이 5천만 원을 지원하겠다고 말을 꺼내면 분위기상 남자 쪽 부모님도 따라가게 돼요. 그렇게 해서 1억 원이라는 목돈이 모이면 4억 원짜리 집을 3억 원 융자를 끼고 살 수 있거든요. 그러면 양가 부모님들도 아예 주택을 사는 게 낫다는 결론을 내리게 되고요."

"대단해요! 진짜 머그잔으로 유인해서 주택을 판매했네요!"

"그뿐만이 아니에요. 이야기만 잘 되면 부모님이 사는 집의 리모델링 공사나 아예 통째로 부수고 새로 짓는 공사를 수주하는 경우도 있어요. 부모님이 지금 살고 있는 토지 건물을 일찌감치 상속하면 어떤 점이 유리한지도 이야기해드려요. 아무래도 '상속'이라고 하면 부모님이 돌아가신 후의 일이니까 부모와 자식 간에도 좀처럼 꺼내기 어렵잖아요. 그런 문제도 이번 기회에 모두 논의하자고 권유하는 거죠."

"집을 다시 짓는 것과 상속이 무슨 관련이 있는데요?"

"상속 대비책 중에 수익 물건을 신축하거나, 지금 사는 주택을

표9. 주택회사의 '건축 비용 비교 시뮬레이션'

• 총예산 4억 원으로 살펴본 총부담액 비교
35년 상환(보너스 상환 없음) 및 35년 고정 금리로 가정했을 경우

	현재	3년 후	
자기 자본금	5000만 원	8000만 원	연간 천만 원을 저축할 수 있다.
차입 금액	3억 5000만 원	3억 2000만 원	
금리(%)	2%	4%	금리가 2% 오른다고 가정할 경우
매달 상환액	1,159,400원	1,416,870원	차액은 257,470원
상환 총금액	4억 8694만 8000원	5억 9508만 5040원	차액은 1억 813만 7040원

자기 자본금을 늘려서 차입액을 줄였는데도 약 1억 원의 차이가 생긴다.

금리가 상승하기 전이라면 총부담액도 적고 융자금 상환 시기도 앞당길 수 있다!

주거와 임대를 함께할 수 있는 상가주택으로 개축하는 방법이 있어요. 절세도 하고 임대 수익도 올릴 수 있는 일거양득이라고 말씀드리면 다들 눈이 반짝반짝해요. 결국 이번 기회에 집을 다시 고쳐 짓겠다는 결심을 하게 되는 거죠.”

“그런 거군요.”

“이런 식으로 주력 상품을 판매하기 위해서 고객을 끌어들이는 시스템을 치밀하게 구축하는 거예요. 머그잔과 함께 준 50퍼센트 할인 쿠폰을 이용해 여러 차례 가게를 방문하게 해요. 그러는 동안 고객과 친밀한 관계를 쌓는 거죠. 연애하는 과정과 거의 비슷하죠?

그 후 가구를 사러 오면 모델하우스로 데리고 가서 고객의 관심사를 집으로 바꿔치기하고요. 그다음에는 세미나에 부모님을 모시고 오게 해서 결국은 주택을 판매하는 거예요. 이렇게 꼼꼼하게 시나리오를 짜는 거죠. 나중에 진짜로 판매하려던 주력 상품만 팔리면 미끼 상품의 매출은 설령 10원이어도 문제가 되지 않아요.”

“정말 놀라워요.”

“우리 주위를 둘러보면 온통 미끼 천지예요. 피부 마사지 1회 무료 시술, 요리 수업 1회 체험, 회원 소개로 오면 무료, 이런 식으로 광고하죠. 이 미끼 상품 뒤에는 실제로 판매하기 위한 주력 상품이 있어 무상으로 혜택을 제공하는 거예요.”

요스케는 완전히 압도되어서 할 말을 잃었다. 생각해보면 지하철

안에 붙은 광고들도 온통 미끼들이었다.

'세상의 모든 회사는 이런 방식으로 돈을 벌고 있었어.'

요스케는 생각했다.

'전용' 상품으로
고객 이탈을 막아라

"통신판매에도 이런 경우는 많아요. 예를 들어 20만 원짜리 피부 관리기를 만 원에 한정 판매하는 식이에요."

"만 원이요? 그렇게 싼 피부 관리기도 있어요?"

"사실 피부 관리기는 미끼 상품이에요. 주력 상품은 피부 관리기와 함께 쓸 수 있는 '전용 미용 에센스'예요. 이 에센스를 정기 구매하는 사람에 한해서 피부 관리기를 만 원에 판매하는 거죠."

"미끼 상품이 주력 상품보다 훨씬 비싸 보이는데요."

"그래서 더 매력적인 기회로 보이는 거죠. 하지만 이익을 놓고 따지면 피부 관리기 한 대를 팔고 끝내는 것보다 정기적으로 에센스를 판매하는 쪽이 훨씬 이익이에요. 에센스를 몇 번 정기 구매하면 피부 관리기에서 깎아준 금액은 금방 회수할 수 있어요."

"말 되네요. 벌꿀 회사와 똑같아요. 한 번만 팔고 끝내는 게 아니라 계속 사도록 해서 이익률을 높였죠. 그러니까 피부 관리기가 아니라 에센스가 주력 상품이 되는 거네요?"

"이제 알았군요. 그리고 한 가지가 더 있어요. '전용'이라고 하지만 말만 그럴 뿐이고 사실은 다른 화장품 회사에서 나온 에센스를 사용해도 아무 문제없어요."

"네? 그런 거였어요?"

"에센스이기만 하면 뭐든 상관없어요. 하지만 사람의 심리라는 게 '전용'이라는 말이 붙으면 혹하거든요. 다이어트 셰이크도 '전용 셰이커'가 있으면 꼭 그 사용법대로 셰이크를 만들잖아요. 다시 말해서 다른 회사 제품으로 외도하지 못하게 '전용'이라는 말로 고객을 꽉 잡는 거죠."

"사쿠라코 씨……."

"왜요?"

"저, 알 것 같아요. 이 시스템을 고안한 사람은 여자이지요?"

"네. 아까 그 주택건설 업체 사장님은 여자가 맞아요. 근데 그게 왜요?"

"미끼 상품을 내걸어서 주력 상품으로 유인한다. 외도를 막아주는 장치를 만든다. 아무리 생각해봐도 악녀가 하는 짓이잖아요?"

"어머, 요스케 씨는 악녀 싫어해요?"

사쿠라코가 아무렇지도 않다는 듯이 물었다.

"싫어하느냐고 묻는다면……. 아뇨, 매력적이라고 생각해요."

"그럼 됐네요, 뭐. 상대방에게 매력을 어필해서 점점 더 자신에게 빠져들게 하는 건 연애 작업에서 아주 중요한 과정이니까요. 사업은 고객과 연애하는 거나 마찬가지라고 한 말 기억하죠?"

"고객과의 연애라……."

"잘나가는 가게에서는 그만한 매력이 느껴져요. 가게가 마음이 들면 손님들은 출근 도장을 찍듯 열심히 찾게 돼요. 매력에 빠져드는 거죠. 마치 개미지옥처럼요."

"개미지옥! 역시 악녀는 무서운 존재예요."

그 말에 소리를 내면서 익살스럽게 웃는 사쿠라코를 보면서 요스케는 생각했다.

'이 여자도 매력 있는 사람이구나. 연애에 대해 이야기를 해서 그런 걸까. 아, 우리는 지금 사업 이야기를 나누던 중이었지. 내 가게를 좋아해주는 손님이 과연 생길까? 손님이 우리 가게와 사랑에 빠질 수 있도록 만들 수 있을까, 내가?'

사업 이야기에 몰두하면서도 요스케의 머릿속에는 또 한 가지 생각이 자리했다. 친정에 가버린 아내, 아유미는 지금의 요스케를 어떻게 생각하고 있을까.

머그잔을 미끼로 내놓은 진짜 이유

이 주택건설 업체는 아이치 현에서는 꽤 이름 있는 기업이었지만, 대형 건설 회사들이 치열하게 경쟁하는 주택전시장에는 모델하우스를 세울 수 없었습니다. 전시하는 데 비용이 많이 들기도 했지만, 먼저 진입한 대형 건설사들이 탄탄하게 입지를 굳혀 놓은 상황이라 그 사이를 비집고 들어가기 어려웠습니다.

게다가 처음부터 이름이 널리 알려진 대기업을 상대로 중소기업이 동등한 위치에서 경쟁하는 건 사실 불가능했습니다. 그러한 어려움을 극복하기 위해 찾은 틈새시장이 바로 '신혼부부를 위한 주택'이었습니다. 대형 건설 회사는 주로 '초등학교에 곧 입학하는 자녀를 둔 가족'을 주요 고객층으로 삼는데, 이 회사는 주요 고객을 '신혼부부'로 설정해 틈새시장을 개척했습니다.

그리고 소비의 80퍼센트는 여성들이 차지한다는 사실에 착안하여 철저하게 '주부의 마음을 사로잡는 전략'을 구사했습니다. 이를 위한 첫 번째 전술이 '머그잔'이었던 것입니다.

이는 매우 탁월한 전략이라고 할 수 있는데, 그 이면에는 대기업과 정면으로 맞붙어 경쟁하는 대신에 어떻게 하면 시장을 공략할 수 있을지 필사적으로 고민하고 열심히 궁리한 끝에 얻은 비결이 있었습니다.

앞서 소개해드린 회사들과 크게 다른 건, 주택이라고 하는 일생을 통틀어 가장 비싼 값을 치르고 사는 물건을 다룬다는 점입니다. 금액의 단위가 큰 만큼 미끼 상품으로 유인하여 주력 상품을 판매하기까지 긴 시간이 소요됩니다. 그러므로 고객과의 신뢰 관계를 차근차근 쌓아나가면서 단계별로 적절한 성과를 내기 위해 치밀하게 설계된 시스템을 만들었습니다.

만약 다른 주택건설 업체가 이 인테리어 소품 가게의 머그잔 전략을 모방해도 1년 정도 되는 짧은 기간에는 좀처럼 성과를 내지 못할 것입니다. 이 전략을 성공시키기 위해서는 조바심을 내지 않고 시간과 노력을 충분히 들여야 합니다. 이번 사례에서도 '계속성'이야말로 성공의 가장 큰 열쇠임을 알 수 있습니다.

:

제5장

고객을 최대한
활용하라

시민이 모두 직원이 되는
햄버거 가게의 비결

:

누군가를 향한 진심이
사람을 바꾼다

어느 날 오후, '카페 보텀'에서 사무실로 돌아온 사쿠라코는 깊은 한숨을 내쉬었다. 냉정하게 조언한다는 건 상당한 에너지가 필요한 일이다. 상대방을 진심으로 배려하는 마음이 없으면 불가능하다. 어떻게 되든 상관없는 사람을 위해 이렇게 큰 에너지를 소모하는 사람은 없을 테니까.

'요스케 씨가 달라졌으면 좋겠다. 좀 더 진지하게 생각하고 행동하면 좋을 텐데. 어린 딸, 가나를 위해서라도.'

어제저녁에 있었던 일이다. 출장지인 하코다테[函館]에서 돌아와 사무실로 갔다. 평소보다 조금 이른 시간에 일을 마친 사쿠라코는 '카페 보텀'으로 향했고, 가게 앞에서 책가방을 멘 채 오도 가도 못하는 작은 여자아이를 발견했다.

"혹시 네가 가나니?"

예전에 요스케에게 딸의 이름을 들었던 기억이 났다. 갑자기 고개를 푹 숙이는 여자아이에게 사쿠라코는 다정한 목소리로 말을 건넸다.

"아빠 만나러 온 거야?"

가나는 아무 말 없이 고개를 끄덕였다. 아마 초등학교 2학년이라고 했던 것 같다.

"그런데 왜 안 들어가고 여기 있어?"

"이제 됐어요. 아빠 얼굴 봤으니까."

"왜? 들어가서 아빠와 이야기라도 나누지."

"엄마가 기다려요. 집에 가야 해요."

그렇게 말하면서 발길을 돌리려 하자 사쿠라코는 아이를 잡아 세웠다.

"얘, 잠깐만."

이 상황에서 무리하게 가게 문을 열어젖히고 부녀 상봉을 주선할 수도 있다. 하지만 과연 그렇게 해도 되는지 사쿠라코는 잠시 고민했다. 땅만 보고 서 있는 가나의 모습을 보면서 어린아이지만 아빠를 만나지 않겠다고 결심한 나름의 이유가 있을 것 같았다. 지금은 아이의 감정을 존중해주는 게 좋겠다고 사쿠라코는 생각했다.

"집이 어디니?"

"쓰키시마[月島]에요."

쓰키시마라면 여기서는 좀 거리가 있는 지역이다.

"혼자서 지하철을 타고 온 거야?"

"네."

"이제 금방 해가 질 텐데, 혼자 집에 갈 수 있겠어?"

"네. 올 때도 혼자서 왔는걸요."

하지만 이제 곧 퇴근길 러시아워다. 어린아이를 혼자서 집에 돌려보낼 수는 없다.

"아줌마가 데려다줄게. 엄마와 이야기를 좀 하고 싶은데 혹시 휴대전화 있니?"

요스케의 아내, 아유미에게 가나의 휴대전화로 전화를 걸었다. 수화기 너머에 있는 아유미는 가나가 혼자서 아빠를 만나러 갔다는 사실에 적잖이 충격을 받은 것 같았다. 사쿠라코에게도 폐를 끼치게 되었다면서 미안해했다. 아유미는 마침 일이 끝나는 시간이라 니혼바시[日本橋]까지 와주면 가나를 데려갈 수 있다고 했다.

사쿠라코는 택시를 타고 가나와 함께 니혼바시로 향했다. 가나는 점점 사쿠라코에게 친밀감을 느꼈다. 그녀가 하는 질문에, 예를 들어 좋아하는 과목이나 친한 친구의 이름을 물어보면 띄엄띄엄 이야기했다.

사쿠라코에게도 에리카라는 딸이 있다. 고등학생이 되어 미국으로 유학을 갔다. 가나의 자그마한 손과 두 뺨을 보니 어렸을 적 에리카의 모습이 떠올랐다. 어린 가나가 사쿠라코는 매우 귀여웠다.

"있잖아요. 저번 주 일요일에 학교에서 운동회를 했는데요, 아빠가 오지 않았어요. 그래서 오늘 찾아간 거예요."

가나가 솔직하게 이야기를 털어놓았을 땐 안쓰러운 마음에 목이 멨다. 아빠를 만나고 싶은 마음에 이제 겨우 초등학교 2학년인 어린아이가 혼자서 지하철을 타고 주오[中央] 구에서 미나토 구까지 찾아왔다. 가게 앞에 도착해 아빠가 일하는 모습을 봤지만, 안으로 들어가지 못한 건 아마도 엄마에게 아무 말도 하지 않고 왔기 때문일 것이다. 어쩐지 미안한 마음에 도저히 들어갈 마음을 먹지 못했던 건 아닐까.

아직 어린 나이임에도 불구하고 부모의 처지를 이해하려고 노력하는 모습이 애처로웠다. 사쿠라코는 그런 가나를 어떻게든 도와주고 싶었다.

'이 아이에게 힘이 돼줄 방법이 없을까.'

가장 중요한 건
경영자의 마음가짐이다

니혼바시에 있는 다카시마야[高島屋] 백화점 앞에서 아유미와 만났을 때는 이미 저녁 7시가 넘은 시간이었다. 아유미는 마른 체형에 이목구비가 또렷한 미인이었다.

"죄송해요. 제 딸 때문에 여기까지 오시게 해서……."

"아니에요. 이 시간에 혼자 집으로 간다니까 걱정스러워서요. 저도 마침 시간이 있었고, 잘 된 거죠. 그나저나 가나야, 너 배고플 것 같은데 어디 가서 저녁이라도 같이 먹을래?"

"네!"

가나가 신이 나서 대답했다.

"바쁘실 텐데 저희 때문에……."

"엄마! 나, 가고 싶어! 응? 가면 안 돼?"

가나가 아유미의 소맷자락을 붙잡고 늘어진다.

"그럼 같이 가자. 이 근처에 유명하고 맛있는 레스토랑이 있어."

사쿠라코는 레스토랑 테이블에 아유미와 가나를 마주 보고 앉았다. 오므라이스를 맛있게 먹는 가나를 곁눈으로 보면서 아유미는 비프 스트로가노프(쇠고기로 만든 러시아의 대표적인 요리 - 옮긴이)를 먹던 손을 멈추고 사쿠라코의 명함에 시선을 옮기면서 말했다.

"경영 컨설턴트이시네요."

"네. '카페 보텀'에 자주 들러요. 사무실에서도 가깝고 근처에 살거든요. 그런데 오늘 마침 가나가 가게 앞에 서 있는 걸 우연히 보게 됐어요."

"제 딸 때문에 정말 죄송하게 됐어요."

"지금 친정에서 지내신다고 가게 사장님에게 들은 적이 있어서 누군지 금방 알아차렸어요."

"그러셨군요……."

"카페 경영도 좀 어려운 것 같더라고요."

"어떻게 아셨어요? 아, 당연히 아시겠군요. 경영 컨설턴트이시니까. 그 가게 어떻게 하면 손님이 많아질까요? 언제 한번 상담 좀 해주실 수 있으세요?"

아유미가 갑자기 너무 진지한 태도로 질문해서 사쿠라코는 적잖이 놀랐다.

"죄송해요. 저도 모르게 그만……."

고개를 숙이는 아유미를 보면서 사쿠라코는 어렵게 이야기를 꺼냈다.

"저기, 남편과 다시 함께 살 생각은 없어요?"

아무리 단골손님이라고 해도 주인 부부의 사생활까지 간섭하는 건 분명히 도를 지나친 일이다. 하지만 요스케를 생각하면 지금 이 기회를 놓칠 수는 없다.

"돌아오라고 하지도 않는걸요."

쓴웃음을 지으면서 아유미가 대답했다.

"네?"

사쿠라코는 자기도 모르게 목소리를 높였다.

"그럼 역시 돌아올 마음은 있는 거군요."

가나가 그 말에 깜짝 놀란 듯, 오므라이스를 먹다가 엄마의 얼굴을 쳐다보고는 이내 밝은 표정을 짓는다. 하지만 아유미의 얼굴은 여전히 굳어 있다.

"하지만 지금 이 상태로는 안 돼요. 아마 또 같은 일이 반복될 거예요. 남편은 자신이 무엇을 하고 싶은지 아직 확실히 몰라요. 막연한 동경과 뭔가 대단한 일이 생길 거라는 기대만으로 무작정 가게를 개업했어요. 그런데 잘 되지도 않고 제자리걸음만 하면서 이도 저도 아닌 상태로 계속 가고 있죠."

"지나간 일은 그냥 지나간 일이라고 생각하시면 어떨까요? 옆에서 응원해주는 사람이 있으면 달라지지 않을까요? 지금 요스케에게는 아내와 딸의 존재가 가장 중요할 것 같은데요."

"남편도 자신감을 잃었고, 저도 그 사람과 함께 노력할 자신이 없어서 집을 나온 거예요. 만약 우리가 다시 합친다면 그건 아마 잃었던 자신감을 서로 되찾아야 가능할 거예요."

"어떻게 해야 자신감을 되찾을 수 있을 것 같아요?"

"아무래도, 그 사람이 제게 정식으로 돌아와 달라고 말해야 할 것 같아요."

이 여자는 여전히 남편을 사랑하고 있다. 마음의 상처를 입었지만, 남편의 미래를 걱정하는 마음에 당분간 떨어져 지낼 결심을 한 거겠지. 그 누구보다 요스케가 잘되기를 바라는 사람은 아유미다.

그리고 요스케 역시 '가게 운영이 어느 정도 정상화되면 아내를 데리러 가고 싶다'고 생각한다. 분명 지금 이 상태로는 아내와 딸을 데리고 와서 같이 살기는 힘들다. 생활비는커녕 월세도 제때 못 내는 형편이니까.

아니, 그러므로 오히려 더 이 상황을 해결해야만 한다. 사쿠라코는 어린 가나의 마음의 상처가 빨리 아물길 바랐다. 역시 요스케를 위해 특별 조치를 취하지 않으면 안 되겠다는 생각이 들었다.

사쿠라코는 아유미와 다시 만날 약속을 잡고 헤어졌다. 가나는 어른들의 이야기를 들으면서 엄마와 아빠 사이에 한 줄기 희망이 있다는 사실을 눈치챈 듯, 매우 밝은 표정으로 생글거리고 있었다.

'이 웃는 얼굴을 지켜주고 싶다.'

사쿠라코는 생각했다. 먼저 요스케가 지금 상태에서 벗어나려면 몇 가지 더 가르쳐줘야 할 것들이 있었다.

'서두르자. 긴급 대책을 써야 해.'

냉정하게 정곡을 찌르는 말을 들으면 요스케는 낙담해버릴지도 모른다. 그러면 상황은 더 악화되겠지만 스스로 변화하는 건 본인 말고는 아무도 대신할 수 없다. 지금 여기서 일어서지 못하면 앞으로도 영원히 일어설 수 없다.

'요스케의 잠재력을 발견한 내 안목을 믿어보자!'

사쿠라코는 그렇게 결심하고 니혼바시의 인도 한가운데에서 크게 기지개를 켜며 심호흡했다. 상쾌한 밤공기가 기분을 좋게 만들었다.

니혼바시는 사극 「도야마의 긴([遠山の金さん], 일본의 에도시대(1603~1867)에 실존했던 인물을 주인공으로 삼아 만든 시대극 ‒ 옮긴이)」에 나오는 관공서였던 부교쇼([奉行所], 에도시대의 행정, 입법, 사법, 경찰, 소방, 물가 대책 등 여러 시정을 담당했다 ‒ 옮긴이)가 있던 곳이다. 그 사극의 주인공인 도야마 긴

의 핏줄은 아니지만 어쨌거나 사쿠라코와 성(姓)이 같았다. 도야마[遠山], 멀리 있는 산이라는 뜻에 벚꽃의 의미를 담아 '사쿠라코'라고 이름을 지은 아버지가 참 대책 없는 양반이라는 생각이 들었다. 이름 때문에 초등학생 때부터 친구들에게 얼마나 놀림을 받았는지 모른다.

하지만 도야마 긴과 성이 같아서인지, 사쿠라코는 학급에서 무슨 일이 생길 때마다 친구들의 관점에서 이야기를 들어주고 중재하는 역할을 했다. 그리고 어른이 되어서도 오늘처럼 남의 일을 보고 그냥 지나치지 못했다. 결혼 후에도 미혼 시절의 성을 그대로 사용한 건 일본에서도 부부가 성을 따로 쓸 수 있도록 해야 한다는 일부의 주장에 동조해서가 아니다. 단지 도야마 사쿠라코라는 이름으로 오랫동안 살아온 자신이 마음에 들었기 때문이다.

'이렇게 생겨 먹은 걸 어쩌겠어. 내일 요스케에게 분명하게 말하자. 오늘 다녀온 하코다테의 '해피 피에로' 이야기를 해주는 게 좋겠어. 자기 생각과 가치관이 확실하면 그것만으로도 충분해. 그걸 사업에 반영했을 때 비로소 주위를 끌어당기는 커다란 원동력이 생기는 거니까. 그리고 그 첫 번째 원동력은 오로지 경영자 자신의 내면에 있는 마음가짐뿐이야. 요스케 씨는 좀 더 심각하게, 좀 더 강하게 자신의 뇌에 질문을 던져야 해. 어떤 마음가짐으로 무엇을 할 것인지. 스스로 변하기 위해서 어떻게 실천할 것인지 말이야!'

고객은 차등을 두어
관리하라

아유미와 만난 다음 날 점심 무렵, 사쿠라코는 어김없이 '카페 보텀'을 찾았다. 점심을 먹으러 온 손님들이 한바탕 쓸고 간 가게는 한산해 보였다. 몇 명의 손님이 디저트로 나온 커피를 느긋하게 마시고 있었다. 사쿠라코는 자리에 앉자마자 조금 빠른 속도로 말을 꺼냈다.

"어제 출장은 꽤 재미있었어요. '손님이 기뻐하는 가게 만들기'가 기업 목표인 회사에 다녀왔는데요."

"그건 당연한 이야기 아닌가요? 저희 가게도 손님들의 희망 사항을 듣고 메뉴에 반영했으니까요. 가짓수도 늘렸고요."

"그거와는 달라요."

사쿠라코는 딱 잘라서 말했다.

"손님들이 기뻐하는 가게를 만드는 건 일방적으로 손님에게 서비스한다는 의미가 아니에요. 오히려 그 반대죠. '손님들이 기쁜 마음으로 가게에 도움이 되는 일을 해주는' 그런 관계를 맺어야 해요."

"네? 그런 게 가능해요?"

"하코다테에 유명한 햄버거 가게가 하나 있어요."

"홋카이도에 자주 가시네요. 아마 저도 아는 가게일 거예요. '해피 피에로' 아닌가요?"

"역시 알고 있었군요. 정말 유명한 가게인가 봐요. 하코다테 시내에만 열일곱 개 지점이 있더라고요. 홋카이도에는 참 재미있는 기업이 많아요."

"'해피 피에로'에 가보고 싶어서 하코다테로 여행을 가는 관광객도 있어요."

요스케가 학생이었을 때부터 '해피 피에로'는 화제를 불러일으키는 가게였다. 그 인기는 해마다 높아져서 하코다테 시내에 많은 지점이 생겨났다. 지점마다 독특한 특징이 있었고, 주력 상품으로 내놓는 메뉴도 달랐기 때문에 마치 순례를 하듯이 각 지점을 돌면서 햄버거를 먹는 재미가 있었다. 전 지점을 모두 정복했다는 사실을 자랑으로 여기는 사람들도 있었다.

"아무튼, 하코다테 시의 주민이라면 사랑할 수밖에 없는 가게였어요. 거대 체인인 M사의 햄버거가 이 지역에 처음 들어왔을 때도 '해피 피에로'는 전혀 흔들리지 않았어요. 오히려 M사가 한때는 철수를 고려했을 정도로 엄청난 인기를 누리고 있어요."

"하코다테에서 햄버거 하면 단연코 '해피'니까요."

"해피?"

"거기서는 다들 그렇게 불러요. '해피 피에로'의 앞 글자를 따서 '해피'라고요."

"아아, 그래요? 그것만 봐도 인기가 얼마나 높은지 알 수 있네요. 웬만큼 인기 있는 가게가 아니고서야 그런 애칭을 만들지는 않으니까요."

"그렇지요."

"간판 상품인 차이니즈 치킨버거는 연간 30만 개가 팔린다고 하네요."

"너무 많아서 가늠이 잘 안 되는데요."

"하코다테 시 인구가 28만 명 정도니까 결국 관광객들이 사는 숫자가 그만큼 많다는 거예요. 하코다테 시는 연간 관광객 수가 약 480만 명이나 되거든요. 실제 주민들의 몇 배나 되는 관광객들이 찾아오는 거죠. 그야말로 '관광 도시'라고 할 수 있어요."

"그런데 아까 사쿠라코 씨가 말했던 '고객이 기쁜 마음으로 가게에 도움이 되는 일을 해준다'는 건 무슨 뜻이에요?"

"여기처럼 커피 한 잔만 시켜 놓고 죽치고 앉아 있으면서 매출을 떨어뜨리는 손님이 있으면 안 된다는 뜻이에요."

'제발 그런 이야기는 큰 목소리로 말하지 않았으면 좋겠는데⋯⋯. 역시나 저쪽에 앉은 손님이 우리를 흘끔거리기 시작했어.'

요스케는 가슴이 조마조마했다. 사쿠라코의 모습이 평소와는 달리 도전적으로 느껴졌다.

"음, 뭐랄까. 거기 손님들은 '해피 피에로'라는 종교 단체의 '신자'들 같았어요."

"신자요? 저도 '해피'를 좋아하지만 그렇다고 해서 신자라는 말을 들을 수준은 아닌 것 같은데."

"손님들이 전부 그렇다는 게 아니에요. '해피 피에로'는 손님들을 차등을 두어 관리하고 있어요."

"차등이요?"

"'차별'이 아니라 '차등'이에요. 구별이라고 해도 좋아요. 그 가게 사장님은 직원들에게 고객을 단계별로 관리하라고 교육해요."

"어떤 식으로 관리하라는 거죠?"

"몇 번씩 찾아오는 손님에게 서비스를 주는 가게는 많죠. 하지만 '해피 피에로'의 사장님은 한 번 더 생각했어요. 1년에 겨우 몇 번

오는 손님과 한 달에 몇 번씩 방문하는 손님을 똑같이 대접하는 게 맞는가. 그들에게 같은 서비스를 해도 괜찮을까."

"으음……. 저라도 더 자주 찾아오는 손님을 중요하게 여길 것 같은데요."

"그래서 '해피 피에로'에서는 방문 횟수를 기준으로 손님들을 네 단계로 구분해요."

"가게에 오는 빈도에 따라 네 단계로 구분한다. 그렇다면 저처럼 관광객이었던 손님은 맨 아래 등급이겠는데요."

"맞아요. 누구나 그 가게에 가면 '준단원증' 카드를 받을 수 있어요. 요스케 씨도 아마 받았을 거예요. 그 카드에 도장을 몇 개 받으면 '정식 단원'으로 자격이 올라가요. 네 단계 중에서 아래에서 두 번째죠. 정식 단원이 되면 포인트 카드를 새로 발급받고, 이용 금액에 따라서 서비스받을 수 있는 금액이 높아져요."

"그런데 왜 하필 '단원'이죠?"

"가게 이름이 '해피 피에로'잖아요. 서커스 단원이 된다는 의미죠."

"아아, 말 되네요."

"그리고 계속 포인트를 쌓으면 '스타 단원'으로 승급돼요."

"스타 단원, 꽤 근사한데요! 그게 아래에서 세 번째 단계죠?"

"스타 단원은 매우 자주 가게를 방문하는 단골손님이에요. 그보다 더 높은 단계의 손님에게는 최고 레벨인 '슈퍼스타 단원'이 될 수 있는 자격이 주어져요. 그들에게는 점장이 직접 자택에 방문해 감사장을 드려요."

"슈퍼스타! 서커스 단원으로 치면 인기 스타쯤 되겠는데요."

"그래요. 바꿔 말하면 최우량 고객이라고 할 수 있어요. 그 지역의 단골손님들은 슈퍼스타 단원이 되어 감사장을 받는 순간을 손꼽아 기다리죠. 그들이 가게에 오면 점원들은 큰 소리로 '슈퍼스타 단원 다나카 님, 방문해주셔서 고맙습니다!' 하고 깍듯하게 인사하며 맞아요."

"이름이 불리는 건 좀 쑥스럽지만, 괜히 으쓱할 것 같아요."

"그렇겠죠? 단골손님 중에서도 더 특별한 대접을 받는 거니까요. 현재 점포별로 약 100명이 넘는 슈퍼스타 단원이 있는데, 다 합치면 3천 명 정도가 된다고 해요."

"그런 단골손님이 3천 명이나요? 엄청난 숫자네요!"

"그리고 슈퍼스타 단원에게는 모종의 '역할'이 주어져요. 어떤 역할일 것 같아요?"

"뭘까요? 감이 안 오네요."

"마이 버거 콘테스트'라는 행사가 있는데, 햄버거에 관련된 아이디어를 모집해서 우수작을 상품으로 개발하는 대회예요."

"아, 그거 재미있겠네요."

표10. 고객을 단계별로 관리하는 시스템

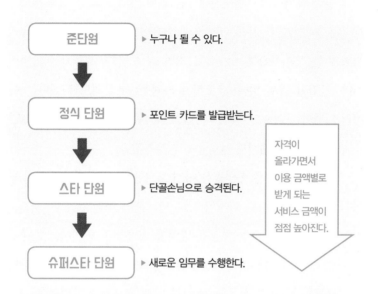

준단원 ▶ 누구나 될 수 있다.

정식 단원 ▶ 포인트 카드를 발급받는다.

스타 단원 ▶ 단골손님으로 승격된다.

슈퍼스타 단원 ▶ 새로운 임무를 수행한다.

자격이 올라가면서 이용 금액별로 받게 되는 서비스 금액이 점점 높아진다.

● 슈퍼스타 단원의 혜택

시식회에 참가해 신상품 개발에 참여한다.

신년회에 참석해 생산자와 스태프와 만남의 자리를 갖는다.

"콘테스트에는 누구나 참여할 수 있어요. 하지만 신상품 시식회에는 아이디어를 제공한 사람과 슈퍼스타 단원만 초대받아요. '이번에 발매 예정인 ○○햄버거에 4천 원의 가격을 매길 건데 어떻게 생각하십니까? 여러분의 의견에 귀 기울이겠습니다'라는 주최 측의 설명을 듣고 시식에 들어가요. 그러면 너무 달다, 자극적이다, 양이 적다, 가격이 너무 비싸다, 오히려 가격을 더 올려도 되겠다는 등 여러 의견이 나와요. 그들의 의견 하나하나를 모두 참고하는 거죠."

"참가하는 입장에서도 보람을 느끼겠는걸요."

"그렇겠지요? 다른 손님들은 아직 모르는 신상품 개발에 직접 참여했으니까요. 그리고 마지막으로 '여러분이 주신 소중한 의견을 반영하여 ○월 ○일에 신제품을 발매할 계획이니 꼭 먹어보고 주변에 홍보해주시기 바랍니다'라는 클로징 멘트와 함께 행사가 끝나요. 참석한 사람들은 선물을 한 아름 안고 집으로 돌아가죠."

"참가한 사람들은 주변에 자랑하고 싶어지겠어요."

"그렇죠. 본인이 개발한 메뉴가 시장에 나오니까요. 직접 자랑하거나 블로그에 글을 쓰거나 사진을 올려요. 실제로 '해피 피에로'를 인터넷에서 검색하면 그들이 직접 쓴 감상평이 매우 많이 떠요. 그런 글은 관광객들에게 소중한 정보가 되고요."

"그렇군요. 그게 그 사람들의 역할이군요."

"또 이런 일도 있었어요. 그렇게 해서 신메뉴로 개발된 '게살버거'

가 도무지 팔리지 않아서 금방 발매 중지된 적이 있었어요. 슈퍼스타 단원들을 초대한 자리에서 '해피 피에로' 사장님은 이렇게 말했어요. '여러분의 의견만 철석같이 믿고 발매했다가 망했잖아요!'라고요."

"우하하하."

"사장님은 한마디를 덧붙였어요. '그러니까 앞으로는 좀 더 신중하게 생각하고 의견을 내주세요.'"

"손님들에게 그런 말을 하는 사장님도 있군요."

"그 정도면 손님이라기보다는 친인척 같은 관계가 된 거죠. 누가 시켜서가 아니라 기꺼운 마음으로 자발적으로 메뉴 개발에 참여하는 거예요. 그래서 '해피 피에로'라는 종교의 '신자'라고 표현했던 거예요."

"그런 의미였군요. 손님을 구별해서 관리하는 건 단골손님을 친인척처럼 여기면서 그들이 참여할 재미있는 기회를 많이 만드는 거군요!"

"맞아요. 그리고 슈퍼스타 단원들에게는 '해피 피에로'의 '신년 감사 이벤트'라고 해서, 한 해가 시작될 때 열리는 신년회에 회사 직원들이나 생산자들과 함께 자리할 기회가 주어져요. 그 자리에서 '해피 피에로' 사장님은 슈퍼스타 단원들에게 이렇게 이야기해요. '하코다테에 관광객들이 많이 오면 하코다테는 그만큼 풍요로워집니다. 결국, 하코다테 시민의 역할은 관광객들에게 하코다테는 참 따스한 곳, 인정 많은 사람이 있는 곳이라는 이미지를 선사하는 것입니다. 그러니까 여러분, 가게를 찾아준 관광객을 발견하면 친절하게 대해주시기 바랍니다!'"

"아, 제가 '해피'에 갔을 때 손님들이 굉장히 친절했던 기억이 나요. 높이 20센티미터가 넘는 거대 햄버거를 주문했는데 거기 있던 많은 분이 직원에게 '자네라면 할 수 있어. 내가 응원해줄게. 포기하지 말고 열심히 만들어봐!'라고 하면서 사기를 북돋워줬어요."

"하코다테는 '참 인정 많은 도시구나' 하고 생각했죠?"

"물론이죠. 직원뿐만 아니라 시민 모두 친절하고 정말 좋은 곳이라고 느꼈어요."

"그게 바로 '해피 피에로'가 손님들과 함께 만들어가려는 점포 분위기예요. 그리고 그 신년 감사 이벤트에서 사장님은 이런 이야기를 덧붙여요. '생산자 여러분, 여러분의 고객은 '해피 피에로'가 아니라 지금 여기 계신, 저희 가게를 찾아주는 손님들입니다. 이 손님들 한 분 한 분의 얼굴을 떠올리면서 채소를 재배해주시기 바랍니다. 그리고 고객 여러분, 이분들은 여러분이 드시는 싱싱한 채소를 재배하는 사람들입니다. 이들의 노고를 생각해서 남기지 말고 햄버거를 맛있게 드셨으면 좋겠습니다.'"

"뭐랄까, 손님이 아니라 '해피 피에로'의 가족이 된 느낌이 들 것 같아요. '좋아, 어디 한번 열심히 해봐야지!'라는 다짐이 절로 들겠어요."

"그렇게 특별 대우를 받는 슈퍼스타 단원들은 가게의 테이블 정리를 도와주고, 청소가 잘 안 된 곳이 눈에 띄면 지적하거나, 심지어 서비스 정신이 부족한 직원은 연수를 보내면 어떻겠냐고 매장에 의견을 전달해요. 그 밖에 '해피 피에로'에는 청소 자원봉사, 나무 심기 등 고객이 함께할 수 있는 환경보호 운동도 마련되어 있어요. 그야말로 하코다테라는 도시를 '해피 피에로'와 고객들이 하나가 되어 만들어가는 느낌이에요."

"햄버거 회사에서 그렇게까지 하다니 정말 대단하네요!"

요스케는 '해피 피에로'의 전략에 완전히 감동했다. 그리고 이야기에 몰두한 나머지 시간이 지나면서 사쿠라코의 표정이 조금씩 의미심장해지는 것을 전혀 알아차리지 못했다.

"다 함께 성장하는 거예요. 가게도, 손님도, 지역도. 손님과 강한 유대감을 형성하지 못하면 불가능한 일이에요. 중요한 건……."

"맞아요! 그래, 손님을 '신자'로 만들면 돼!"

"그게 아니에요! 다른 사람을 신자로 만든다는 게 그렇게 만만한 일은 아니잖아요."

사쿠라코가 갑자기 단호한 목소리로 말을 잘라버렸다. 요스케는 어리둥절했다.

'사쿠라코 씨……?'

"결국 중요한 건 '마음가짐'이에요."

사쿠라코는 요스케가 전혀 생각지도 못한 단어를 꺼내 들었다.

"마음가짐이요?"

"네, 마음가짐이요. 단골손님을 저 정도로 움직이게 하려면 뭐가 필요할까요? '어떤 마음가짐으로 어떤 목표를 향해 경영할 것인가'를 경영자에게 직접 들을 수 있고, 또 그 마음이 진심으로 전해져야 고객들은 비로소 협력하겠다고 마음먹어요. 바꿔 말하면 그건 '고객과 기업의 공통된 가치관'이라고 할 수 있어요. 그 회사의 가치관에 공감하기 때문에 응원하고 싶고, 다른 손님에게 소개하고 싶은 거 아니겠어요?"

'중요한 것은 마음가짐이다.'

"전에 얘기했던 머그잔을 미끼로 주택을 판매한 주택건설 업체도 그 회사에서 집을 새로 짓거나 리폼, 리모델링을 한 주부들을 대상으로 블로그 활동을 하도록 장려하고 있어요. 일종의 고객 활용인 셈이죠. 그런데 다들 기쁜 마음으로 블로그 활동에 참여해요. 이 회사가 마음에 드니까요. 리모델링 공사라면 이 회사에 믿고 맡길 수 있으니까요. 자신이 만족하기 때문에 다른 사람에게도 추천하고 싶은 마음이 생기는 거예요. 결국, 그 회사의 가치관을 공유한다는 이야기죠.

게다가 포스팅 하나에도 진실함이 담겨 있으면 전단 100장을 나눠주는 것보다 훨씬 더 큰 효과를 볼 수 있어요. 물론 전단도 그런 마음을 담아서 만들면 좋겠지만요."

'마음가짐이라.'

"요스케 씨는 어떤가요?"

"네?"

"이 가게를 경영하면서 어떤 마음가짐을 갖고 있죠?"

갑자기 들어온 질문에 요스케는 약간 당황했지만, 사쿠라코가 앞으로 무슨 말을 할지 알 것 같았다. 아니, 본인 역시 아주 오래전부터 깨닫고 있었는지 모른다.

"저는……."

"점심시간에 내놓는 카레는 그나마 반응이 괜찮아요. 하지만 원가율이 높고 회전율이 낮아 아무리 팔아봤자 돈이 안 돼요. 커피 한 잔만 시켜 놓고 자리만 차지하는 단골손님이 있다는 건 카페 주인의 마음씨가 착해서예요. 그러니까 손님들이 마음 편히 죽치고 앉아 있는 거죠. 그건 나쁘지 않아요. 하지만 그런 사람들을 그대로 둔다면 매출 확대는커녕 새로운 손님을 모두 놓치게 될 거예요. 이런 문제가 생기는 건 결국 카페 주인인 요스케 씨가 어떤 마음가짐으로 카페를 경영할 것인지, 그 진심이 손님들에게 전해지지 않았기 때문이에요."

"……."

"이 가게는 고객과의 관계가 전혀 구축되어 있지 않아요."

핵심을 찌르는 사쿠라코의 말에 요스케는 말문이 막혔다.

"말이 나온 김에 덧붙이자면, 대체 뭘 하고 싶은지 요스케 씨 본인도 잘 모르고 있지는 않나요? 그렇기 때문에 손님들의 마음을 움직일 수 없는 게 아닐까요."

요스케는 머리를 쇠뭉치로 두들겨 맞은 느낌이 들었다.

"만약 요스케 씨의 진정성 있는 마음가짐이 손님들에게 전해진다면 어떨까요? '좋아요. 사장님, 힘내세요!' 하고 응원해줄 거예요. 요스케 씨가 어떤 어려움을 겪고 있는지 알아보고 도와주는 손님이 반드시 나올 거예요. 돈 버는 건 사실 어렵지 않고, 돈이 벌리는 구조가 있느냐 없느냐의 문제일 뿐이지만 지금의 요스케 씨는 구조의 여부를 떠나서 내면의 문제가 원인인 것 같아요."

얼어붙은 것처럼 아무 말도 못 하는 요스케를 보면서 사쿠라코는 냉정하게 말했다.

"지금 이대로 간다면 당신은 아무것도 달라지지 않을 거예요."

고객을 팬으로 만들어 관계를 지속하는 구조

요스케 씨에게 뼈아픈 말을 쏟아낸 직후이기는 하지만, 여기서 잠깐 '해피 피에로'의 비즈니스 모델을 살펴보겠습니다.

지금까지는 '상품을 계속해서 사게 만드는 구조'에 대해 소개했습니다.

- 벌꿀 세트를 미끼로 해서 고액의 로열젤리와 프로폴리스를 정기적으로 구매하게 하는 구조
- 후라노 푸딩 가게의 서브스크립션 커머스를 이용한 디저트 정기 배달 서비스
- 머그잔 하나로 유인해서 주택을 판매하는, 깔때기 구조에 손님을 점점 끌어들이는 시스템

이번에 소개한 '해피 피에로'의 사례는 '손님을 팬으로 만들어서 관계를 계속 이어가는 구조'라고 할 수 있습니다. 매장을 찾은 손님 모두에게 준단원증을 제공하고 일정 금액의 포인트를 적립하면 정식 단원으로 승격시켜줍니다. 그리고 매장을 방문하는 횟수가 증가할수록 등급에 따라 '스타 단원', '슈퍼스타 단원'으로 올려줍니다. 등급이 높아지면 지급한 금액 일부를 더 많이 돌려주고, 슈퍼스타 단원이 되면 점장이 직접 고객의 자택에 찾아가 감사장을 줍니다. 또 슈퍼스타 단원이 매장에 방문하면 고객의 이름을 불러주면서 인사하는 등 특별 서비스를 제공합니다. 고객이 직접 입소문을 낼 수

있도록 메뉴 개발에 참여하게 하고, 관광객을 직접 환대할 수 있도록 그들에게만 특별한 역할을 부여합니다.

'계속성'이라는 키워드는 상품에만 국한되지 않습니다. 고객이 매장을 계속 방문하면서 그 기업의 진정한 팬이 되어준다면 그 이상 강력한 무기는 없습니다. 고객을 팬으로 만들고 그들과 관계를 지속하는 시스템. 이것 역시 돈이 벌리는 비즈니스 모델을 고안할 때 고려할 중요한 포인트입니다.

"손님들이 기뻐하는 가게를 만드는 건

일방적으로 손님에게 서비스한다는 의미가 아니에요.

오히려 그 반대죠."

제6장

후발 업체가 따라오지 못하게 장벽을 높여라

프랜차이즈로 시장 점유율 1위를 달성한 노인요양시설

:

성공으로 가는 유일한 길은
나를 변화시키는 것이다

그 후 일주일이 지났다. 요스케의 머릿속에는 그날 사쿠라코가 한 말이 계속 맴돌았다. 처음에는 충격을 받았지만, 덕분에 여러 가지를 생각해볼 수 있었다. 그리고 사쿠라코가 자신을 위해 바쁜 시간을 쪼개서 가게로 찾아왔고, 좀처럼 하기 힘든 말을 해주었다는 생각이 들었다.

'정말, 고마운 사람이다.'

사쿠라코가 자신을 그 정도로 생각한다는 사실에 말할 수 없이 고마웠다. 경영난에 빠진 가게에서 하루하루를 살아내는 데 급급했던 그에게 어느 날 갑자기 나타나 "돈 버는 건 사실 어렵지 않아요" 라고 말해준 여자. 사쿠라코는 요스케에게 사업을 대하는 새로운 시각을 갖게 해주었다.

사쿠라코에게 이야기를 들을 때마다 요스케는 항상 가슴이 뛰었다. 세상에 돈을 벌 수 있는 시스템이 이렇게나 많다는 사실에 놀랐고, 무엇보다 그녀의 이야기를 듣는 게 재미있었다. 그리고 자신도 성공한 기업인들처럼 할 수 있을 것 같은 자신감이 생겼다.

하지만 눈앞에 놓인 현실은 녹록지 않았다. 무언가를 새로 시작하고 싶어도, 지금 이 가게에서 무엇을 어떻게 바꿔야 할지, 어떻게 돈을 벌 수 있을지 짐작조차 할 수 없었다. 사실, 당연한 이야기다.

"어떤 마음가짐을 갖고 있나요?"

요스케는 사쿠라코가 던진 화두를 곱씹어보았다. 도쿄타워 근처에 가게를 개업하면 뭔가 큰일을 해낼 수 있을 것 같아 우쭐했던 기억. 맛있는 카레를 만드는 데 최선을 다하는 것만이 옳은 길이라 믿었지만, 경영자로서는 완벽하게 실패한 것. 매달 내야 하는 임대료와 각종 요금에 허덕이고, 어떻게든 생활을 유지하기 위해 오랜시간 버텼지만 결국 아내에게 큰 상처만 입히고 딸과는 만나지도 못하는 처지가 된 것. 이 모든 상황을 벗어날 수 있을지 자신이 없었다. 그리고 어느새 가게는 자신을 옥죄는 존재가 돼버렸다. 요스케의 머릿속에는 이 상황을 벗어날 수 없는 이유가 꼬리에 꼬리를

물고 이어졌다.

'마음가짐 같은 거, 잊어버린 지 한참 됐는데.'

개업 초기에 가졌던 도쿄에서 수프카레로 성공을 거두겠다는 막연한 기대마저 이제는 거의 사라지고 없었다.

사쿠라코가 가게에 처음 왔을 때 "그래도 나는 대단한 사람이다, 나는 할 수 있다, 이렇게 생각해야죠!"라고 말한 기억이 났다.

"포기하지도 말고, 나한테는 벅찬 일이라고 생각하지도 말고 그저 계속 노력해야 해요. 충분한 시간을 들여서 심사숙고하면 반드시 해답을 찾을 수 있어요. 뇌에 영양가 있는 질문을 계속 던지면 자극을 받은 뇌는 제대로 된 해답을 찾으려고 움직이거든요."

그 말을 들었을 때 요스케는 눈앞이 환해지는 느낌을 받았다.

'그동안 왜 잊고 있었을까. 그래, 바로 그거야! 나도 할 수 있다는 자신감을 먼저 되찾아야 해. 그리고 나 자신에게 계속해서 질문을 던져야 해.'

적어도 개업 당시에는 아무런 근거도 없었지만 자신감 하나만은 충만했다. 그런 의미에서 당시의 요스케가 지금보다 나을지도 모른다. 하지만 돈을 버는 방법은 몰랐다. 의욕은 있었지만, 그것만으로는 역부족이었다.

하지만 지금의 요스케는 달랐다. 사쿠라코에게서 '돈이 벌리는 구조'를 배웠기 때문이다.

'나도 할 수 있어! 반드시 해낼 수 있다고!'

요스케는 자기 자신부터 달라지기로 결심했다. 그렇게 하는 게 사쿠라코가 베푼 은혜를 갚는 길이라고 생각했다. 성공하면 자신 감을 회복할 수 있다고 막연히 생각했지만, 오히려 그 반대라는 걸 알았다. 먼저 자신을 변화시키는 것. 그거야말로 자신감을 회복하 는 진짜 길이다.

지금까지 성공한 삶을 그릴 때마다 아내인 아유미와 딸 가나의 얼굴이 떠올랐다. 셋이 즐겁게 웃던 모습이 희미하게 떠올랐다가 사라졌다. 마치 이룰 수 없는 꿈을 꾸는 것만 같았다.

'더는 청승맞은 생각은 하지 않겠어. 반드시 행복을 손에 넣을 수 있다고 믿어야 해. 아유미를 위해서, 가나를 위해서 나부터 먼저 변 하는 거야.'

무엇으로든
'넘버원'이 되라

🥘 다음 날 오후, 일요일이지만 '카페 보텀'은 늘 그랬듯 텅 비어 있었다. 손님은 사쿠라코 한 사람뿐이었다. 사쿠라코와 요스케는 카운터 테이블을 사이에 두고 이야기를 나누었다. 요스케의 얼굴은 매우 진지했다.

사쿠라코는 요스케가 문제 제기를 받아들이고, 스스로 생각하고, 문제 해결의 실마리를 찾았다는 사실에 매우 기뻤다. 아무나 그렇게 할 수 없다. 꼬인 구석 없이 순수한 성격은 요스케의 가장 큰 장점이다. 그리고 그 순수함은 성공하는 이들의 매우 중요한 덕목 중

하나다.

오늘부터 한번 제대로 가게를 변화시켜보겠다는 요스케에게 사쿠라코가 말했다.

"작은 규모의 회사가 늘 싸움에서 지는 건 아니에요. 나는 경영자가 계속 공부만 하는 회사는 별로 좋지 않다고 생각해요. 몇 가지 승부수를 배웠으면 이제는 결과를 내야죠. 실천에 옮기지 않는 지식은 제대로 배운 지식이 아니에요. 알겠죠?"

"네. 이제 사쿠라코 씨의 이야기를 들으면서 그저 배우기만 하는 단계는 졸업하려고요. 확실하게 내 것으로 만들어서 실전에 적용해볼게요."

"경영을 시작할 때는 이익을 남기는 게 중요해요. 이익이 나지 않는 회사는 갖고 있어봤자 점점 가난해질 뿐이에요. 3년 동안 연 매출 천억 원을 기록한 '바리오개발'이라는 회사 이야기인데요."

"천억 원! 내 가게와는 차원이 다르네요……."

지레 겁을 먹고 움츠러드는 요스케의 말을 사쿠라코는 도중에 잘랐다.

"매출 천억이 아니라 어떤 식으로 싸워서 이겼는지가 중요해요. 그 방법을 배워야 해요. 알겠어요? 중요한 것은 매출보다 이익이에요. '나한테는 무리야, 어차피 나와는 거리가 먼 이야기야.' 이런 생각은 금물이에요."

"그러네요. 제가 잘못 생각했어요."

요스케는 쓴웃음을 지었다.

'나도 할 수 있다는 자신감을 갖기로 했지. 그래, 맞아. 자신감을 갖는 거야!'

"이 '바리오개발'은 현재 도쿄 북쪽에 있는 기타칸토[北関東] 지역에서 노인요양보호시설 업계 최고를 차지하고 있어요."

"노인요양보호사업은 요즘 급성장하는 분야죠."

"맞아요. 하지만 너 나 할 것 없이 뛰어드는 회사가 많아서 경쟁이 아주 치열해요. 싸움에서 이기는 건 여간 힘든 일이 아니죠. '바리오개발'은 원래 도쿄에서 부동산업을 하던 회사였는데, 이바라키[茨城] 현의 노인요양보호시설 세 곳을 사들이면서 이 사업에 뛰어들었어요. 그리고 3년이 지나 세 군데는 서른셋으로 늘어났고요. 연매출이 천억 원까지 올랐죠."

"그렇게 짧은 기간에요?"

"단기간에 급성장할 수 있었던 건 사장님이 숫자에 강한 사람이라 투자하는 능력이 뛰어났기 때문이지만, 뭐니 뭐니 해도 '넘버원 전략'이 주효했죠."

"넘버원 전략이요?"

"이름 그대로 넘버원, 1등이 되는 전략이에요."

"무슨 1등이요? 아까 말씀하신 기타칸토 지방에서 최고의 시장 점유율을 보였다는 거요?"

"맞아요. '바리오개발'은 우선 기타칸토 지방에서 시장 점유율 1위를 차지하기로 했어요. 그리고 그 지방으로 갔죠. '어쩌다 보니 우리 회사가 1등이 됐다'는 게 아니에요. 제대로 된 전략이 이미 있었어요."

"어떤 전략이었는데요?"

"하나씩 차근차근 말해줄게요. 먼저 '바리오개발'은 이바라키의 노인요양보호시설을 매입한 후 역시 같은 기타칸토 지방에 한정해서 지점을 늘렸어요. 이런 걸 '도미넌트 전략'이라고 해요."

"도미넌트가 뭐예요?"

"사전적인 의미는 '지배적인' 혹은 '우위에 서다' 정도일 거예요. 말하자면 지점의 숫자로 지역 최고를 달성해서 1위를 차지하는 전략이죠."

"그렇군요."

"지난번 그 '해피 피에로'도 도미넌트 전략을 썼어요. 하코다테 지역에만 한정해서 지점을 내는 건 '하코다테에서 1위'라는 위치를 확립하겠다는 목표 때문이에요."

"1위가 되면 그만큼 화제가 될 테니까요."

"맞아요. 대중 매체에서 취재하러 올 가능성도 커지고요. '넘버원'은 그런 거니까요. 홋카이도에서 넘버원이라고 하면 '세이코 마트'

라는 편의점이 유명한데, 혹시 알아요?"

"네. 홋카이도 어디에서나 볼 수 있어요."

"'세이코 마트'는 일본 전국에 분포한 지점 수로 따지면 업계 7위지만, 홋카이도 내에서는 시장 점유율 부동의 1위예요. 전국 단위의 고객 만족도 조사에서는 2011년부터 2015년까지 4년 연속 1위를 달리고 있고요."

"편의점인데 신문에 전단을 끼워서 광고도 해요. 뭐랄까, 오래전부터 동네에 있는 개인 상점 같아요. 정감이 가거든요."

"특히 '핫 셰프'라는 반찬 코너가 매우 잘돼 있는데, 방금 만든 것 같은 따끈따끈한 반찬이 진열되어 있어요."

"맞아요. 아무튼, 홋카이도에서는 정말 사랑받는 마트예요, '세코마'는."

"'세이코 마트'를 줄여서 '세코마'라고 부르나 보죠?"

"네. 홋카이도 사람이라면 다 그렇게 불러요. 닉네임이 있다는 건 그만큼 사랑받는다는 증거겠지요."

요스케는 싱긋 웃었다.

"하지만 다른 편의점에 비하면 비효율적인 부분도 있어요. 보통의 편의점과 달리 24시간 영업하지 않는 곳도 많고요. 하지만 실제로는 다른 편의점들보다 이익률이 높아요. 왜 그럴 것 같아요?"

"이익률이 높다고 알려진 '세븐일레븐'이나 '로손'보다 돈을 더 많이 번다는 거예요? 왜 그렇죠?"

"사실 제1호점이 1971년에 생겼으니 '세븐일레븐' 1호점보다도 먼저 시작했어요. 그리고 애당초 주류 판매점에서 업종을 전환한 거라 예전부터 대부분 지점에서 술을 팔았어요."

"편의점에서 술을 살 수 있게 된 건 최근 몇 년 사이의 일이죠."

"그래요. 그런데 그 당시엔 '세이코 마트'에 가면 술을 살 수 있었고, 그 점이 유리하게 작용했어요. 그리고 홋카이도 내에서 집중적으로 지점을 냈기 때문에 다른 상품들도 독자적인 물류 기반을 확립할 수 있었어요."

"그것도 도미넌트 전략이군요."

"맞아요. 그 지역에서 시장 점유율 1위를 차지하고, 물류 기반을 확립하고, 여기에 확실한 마케팅 전략을 펼쳐 높은 이익을 냈죠. 어떤 업종이라도 그 지역에서 1등을 차지하면 이익을 내기 쉬워져요. 2등은 그럭저럭, 3등은 고전을 면하지 못해요. 다 그런 거예요."

"지역에서 1등이 된다……."

"이때 출신 지역만 고집할 필요는 없어요. '해피 피에로'의 사장님도 원래는 하코다테 출신이 아니라 고베[神戶]가 고향이에요."

"아, 정말요? 하코다테에 크게 이바지하고 있는데 지역 출신이 아니라니."

"어느 지역 출신이냐는 생각보다 중요하지 않아요. 이바라키 현의

표11. '세이코 마트'의 도미넌트 전략

도미넌트 전략

어느 한 지역에 집중적으로 지점을 내서
'지역 넘버원'의 자리를 차지한다.

이 지역에서 넘버원!

세이코 마트

훗카이도에 집중적으로 지점을 내고
시장 점유율 1위를 차지한다.

홋카이도
1,068개 지점

이바라키 현 85개 지점

사이타마[埼玉] 현 13개 지점

다른 지역에는 절대 지점을 내지 않는다.

* 2015년 6월 말 기준

노인요양보호시설도 본사는 도쿄였지만 처음 점포를 산 곳은 이바라키 현이었기 때문에 그 지역을 중심으로 점유율을 높여나갔어요. 아, 그 푸딩 가게 사장님도 일부러 후라노까지 가서 개업했잖아요. 낚시꾼은 고기가 잡히는 곳으로 이동하는 법이에요. 고기가 잡힐 만한 곳에 낚싯대를 드리우면 되니까요."

"고기가 잡힐 만한 곳으로 이동한다."

어쩐지 요스케는 아주 커다란 힌트를 얻은 것 같았다.

대기업과 싸우지 않고 이기는
차별화 전략

"그렇다면 지역에서 시장 점유율 1위를 하는 게 넘버원 전략인가요?"

"그런 건 아니에요. 도미넌트 전략으로 지역을 집중적으로 공략하는 건 중요하지만 그건 넘버원 전략을 위한 수단 중 하나예요."

"그렇다면 다른 수단도 있겠네요? 어떤 것들이 있나요?"

"예를 들면 타깃을 차별화할 수 있어요."

"차별화요?"

"이번에도 '바리오개발'을 예로 들어서 설명할게요. '바리오개발'

의 노인요양보호시설은 이바라키 현에서 가장 가격이 낮았어요. 만약 다른 업체의 가격이 더 낮다는 소문이 들리면 그곳보다 더 낮췄고요. 항상 업계 최저 가격을 유지했어요."

"역시 저가 경쟁인 셈이군요."

"아니, 꼭 그렇다고 할 수는 없어요. 하지만 낮은 가격이 전략의 핵심이 된 건 맞아요. '바리오개발' 사장님이 노인요양보호시설을 사들일 때 노인을 위한 시설은 고급 실버타운 같은 비싼 곳들뿐이었어요. 서민층을 위한 시설은 없었죠. 하지만 그런 서비스를 가장 필요로 하는 건 맞벌이하느라 연로한 부모님을 돌볼 시간이 없는 일반 사람들이잖아요."

"그렇죠."

"그 사장님은 '앞으로 생활보장 대상자들조차 요양보호시설 서비스를 이용하는 시대가 올 것이다. 고급 실버타운이 아니라 저렴한 시설을 찾는 사람들이 증가할 것이다'라고 생각했어요. 시대의 흐름을 읽은 거죠. 다시 말해 고급 실버타운에 입소할 만큼 경제적 능력이 있는 부유층에서 평범한 맞벌이 부부가 사는 일반 가정으로 타깃을 옮겼어요."

"타깃을 일반 가정으로 옮겼다."

"그리고 앞으로는 이러한 움직임이 급속히 퍼져나갈 거라고 내다봤어요. 그러니까 처음부터 빠른 속도로 특정 지역에 한정해서 시장을 점유한 거예요. 거기다가 수학적 감각이 뛰어난 사장님의 재능을 살려 엄청난 속도로 지점을 늘려나갔어요. 그리고 시장 점유율 1위를 발판 삼아 가장 저렴한 가격으로 서비스를 제공했어요."

"시장 점유율 1위를 발판 삼아서요?"

"아시겠어요? 결국, 시장 점유율 1위가 목적이 아니라는 거예요. 1위가 되기 위한 발판을 굳히기 위해 도미넌트 전략으로 지역 내 가장 많은 지점을 확보하고, 그 지역에서 가장 저렴한 가격으로 승부수를 던진 거예요."

"그렇군요. 전략이라는 말의 의미를 이제 알 것 같아요. 모든 것이 처음부터 작전이었군요."

"맞아요. 비즈니스는 작전이에요. 그래서 재미있는 거고요."

"하지만 잠깐만요. 가격을 내리면 지점당 이익률이 낮아지는데 괜찮나요?"

"그야 그렇겠죠. 하지만 지점 수가 많으면 '이익의 총합'은 어느 정도 보장돼요."

"그런가요. 아무 생각 없이 가격을 내리는 건 아니군요."

"가격이 낮으면 뭐든지 싸게 한다는 인상을 줄 수도 있지만 중요한 건 속도와의 조합이에요. 속도가 빠르고 일정량 이상의 지점을 확보하면 낮은 가격에도 이익을 낼 수 있어요. 그리고 시장 점유율 1위를 차지하면 그 지역의 가격을 직접 결정해나갈 수 있죠. 음식점을 예로 들면 좋은 재료를 쓰지만, 가격은 너무 비싸지 않은 수준으로 정하는 거예요. '해피 피에로'의 햄버거가 그랬죠. 좋은 재료로 만들었지만, 가격은 합리적이에요. 차이니즈 치킨버거 하나에 4천 원, 딱 좋은 수준이죠. 그리고 그 전략이 먹힌 건 지역 시장 점유율 1위를 차지하면서 하코다테 지역에 지점을 열일곱 개나 낸 덕분이에요."

"결국, 주인 마음대로 가격을 결정할 수 있게 된 거군요."

"맞아요! 바로 그거예요. 그게 또 하나의 성장 전략인 '코스트 리더'예요. 요스케 씨, 머리가 좋은데요. 금방 알아듣다니."

"그런가요?"

"혹시 가격을 매기는 방법도 이해했어요?"

"으음, 가격도 중요하지만, 어디에서 이익을 낼 것인가가 더 중요한 것 같아요."

"아주 좋아요! 많이 발전했네요. 그렇다면 아까 그 노인요양보호시설은 어떤 '차별화' 전략을 썼을까요?"

"음, 아까 말씀하신 타깃을 차별화하는 것 외에도 엄청난 전략이 있겠지요."

"이건 조금 어려운 이야기일 수도 있는데, '바리오개발'이 보유한 시설 대부분은 침상이 30개 정도 되는 중소 규모예요. 일반적인 노인요양보호시설의 침상은 60~80개 정도니까 평균치의 절반에도 못 미쳐요."

"그게 어떻게 차별화 전략이 되죠?"

"침상이 30개 정도인 규모로 특화해서 엄격한 규제와 조건을 비교적 수월하게 맞출 수 있었어요. 경영 비결도 그 규모에 맞게 쌓아나갔죠. 결과적으로 서비스의 수준은 높아지고 발전하는 속도가 빨라져요. 그렇게 '저 시설은 서비스가 좋다'라는 평판을 얻게 되고 결국 차별화에 성공하죠."

"아아, 알겠어요. 하지만 노인요양보호시설의 서비스는 거의 비슷하지 않은가요? 양질의 서비스로 차별화할 수 있나요?"

"할 수 있고말고요. 바로 그 양질의 서비스를 제공하는 사람이 누구겠어요? 시설에서 일하는 직원들이잖아요. 지점 수를 급속히 늘려도 일할 사람이 없으면 소용없는 일이죠. 게다가 서비스 향상을 위해서는 고급 인력이 필요하고요."

"그렇죠. 아무리 시설을 많이 만들어도 일하는 사람이 없으면 안 되니까요."

"그래서 '바리오개발'은 그 지역 최고 수준의 임금을 지급하고 있어요."

"우와, '바리오개발' 사장님은 진짜 배짱이 큰 분인가 봐요."

"분명 그런 사람이 맞아요. 하지만 중요한 건 조달, 투자, 회수에 대한 사고방식이 뛰어나다는 점이에요. 은행에서 자금을 융자하면 어느 선까지 투자하고 지점을 확장해야 자금 회수가 가능한지 아주 치밀하게 계산해 놓고 있어요. 내가 이 가게에 처음 왔을 때 경비와 이익에 대해 한 말 기억해요? 그것과 같은 방식이에요. 무턱대고 배짱만 앞세워서 임금을 많이 주는 게 아니에요."

"그렇군요. 저라면 통 크게 쓰는 셈 치고 마구 써버릴 텐데요."

"하하하. 그래서야 쓰나요."

"그러게 말이에요."

요스케는 겸연쩍게 웃었다.

"'바리오개발'의 월급 수준은 업계 대비 가장 높아요. 동종 업계라면 아무래도 월급을 많이 주는 곳에서 일하고 싶겠죠. 그러면 구직자가 몰리고, 회사는 그들 중에서 고급 인력을 골라 채용할 수 있어요. 또 월급을 많이 주니까 도중에 그만두는 사람도 없어요. 결과적으로 새로운 지점을 내는 과정이 순조롭게 진행되고, 시장 점유율 1위에 빠르게 안착할 수 있었어요."

"그렇군요. 그게 다른 업체에는 '진입 장벽'이 됐겠네요!"

"맞아요. 후발 업체는 월급 수준도 최상급, 지점 수도 가장 많은 업체가 자리 잡고 있으니 그 지역에서 새롭게 시작하기 힘든 거죠. 성공할 확률이 희박하니까요. 현재 이 회사는 사업의 프랜차이즈를 준비하고 있어요."

본부와 가맹점의
유대 관계가 중요하다

"프랜차이즈를 준비한다고요?"

"네."

"저기……."

"왜요?"

"사실은 인제 와서 묻기는 좀 그런데, 프랜차이즈의 구조가 잘 이해가 안 돼요. 프로야구의 프랜차이즈 제도는 알아요. 카프 (Hiroshima Toyo Carp, 일본 센트럴리그에 소속된 프로야구 팀)는 히로시마[広島] 가 본거지고 라쿠텐(Rakuten Golden Eagles, 일본 퍼시픽리그에 소속된 프로야구 팀)은 센다이[仙台]잖아요."

"그거와는 달라요."

"역시 그렇죠? 체인점 간판이나 광고 전단에서 '프랜차이즈 가맹점 모집 중'이라고 적힌 글귀는 많이 봤어요. 대충 알 것 같기도 하지만 정확히는 잘 모르겠어요."

"뭐, 나와 별로 관련 없는 일이라면 잘 모를 수도 있죠. 좋아요, 내가 알려줄게요. 예를 들어서 '카페 보텀'을 프랜차이즈화하려면 요스케 씨는 본부를 설립해야 해요."

"프랜차이즈 본부요?"

"네. 그리고 자기 사업을 프랜차이즈화하려면 어느 정도 돈이 벌리는 수준으로는 무리예요. 하물며 지금 이 가게는 말도 안 되고요."

"그건 저도 잘 알고 있어요. 그래서요?"

"프랜차이즈 본부에는 '돈이 벌리는' 확실한 비결이 있어야 해요. 따라올 수 없는 상품 경쟁력, 모방할 수 없는 판매 방법 등 말하자면 '돈이 벌리는 비즈니스 모델'이 한 세트로 갖추어져 있어야 한다는 말이에요. 그러고 나서 본부는 가맹점을 모집해요. 가맹점은 본부에서 메뉴, 간판, 운영 방식, 교육 시스템 등을 전수받고 그 대신 가맹금과 로열티를 지급해요. 이게 프랜차이즈 사업의 구조예요."

"로열티라는 게 뭐죠?"

"특정 권리를 이용할 때 권리를 가진 자에게 지급하는 대가예요.

가맹점이 수입의 일정액을 본부에 지급하는데, 대략 매출액의 5퍼센트 정도예요."

"그럼 같은 간판을 내건 가게라도 경영자는 다 다르겠네요?"

"그렇겠지요? 프랜차이즈 본부로서는 직영점을 하나씩 늘리는 것보다 한꺼번에 점포 수를 확대할 수 있다는 장점이 있어요. 또 가게를 내는 비용, 직원을 채용하는 데 드는 비용과 월급 모두 가맹점주가 부담해요. 반대로 가맹점주는 본부의 성공 사례를 그대로 갖고 오기 때문에 맨땅에 헤딩하지 않아도 되죠. 다시 말해 '돈이 벌리는 사업의 비결을 비용을 지급하고 사는 것'이라고 이해하면 되겠네요."

"확실히 이해돼요!"

"혼자서 사업을 시작하는 것보다 성공에 이르는 속도와 확률을 높일 수 있어요. 그래서 좋은 프랜차이즈를 선택하는 게 중요해요."

"그러면 프랜차이즈에 가입하면 돈을 벌 수 있는 건가요?"

"실제로는 그렇게 단순하지 않아요. 본부는 가맹점이 돈을 벌 수 있게 제대로 지원해야 하지만 실제로 그렇지 않은 곳이 많아요. 누가, 어디에서 경영해도 돈을 벌 수 있는 확실한 비결이 아니라면 가맹점의 사정에 따라 품질 문제가 발생해요. 실은 비결이라고 할 수도 없는 거죠. 게다가 가맹점은 장사가 잘 안 되는데, 본부만 돈을 버는 일도 있어요."

표12. 프랜차이즈의 구조

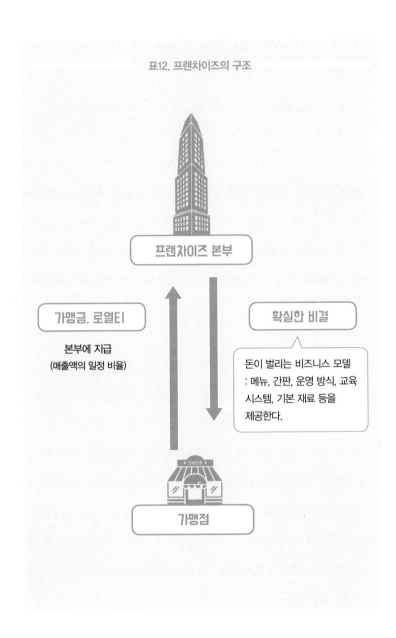

프랜차이즈 본부

가맹금, 로열티

본부에 지급
(매출액의 일정 비율)

확실한 비결

돈이 벌리는 비즈니스 모델
: 메뉴, 간판, 운영 방식, 교육
시스템, 기본 재료 등을
제공한다.

·SHOP·

가맹점

"그럼 본부는 확실히 돈을 벌 수 있겠네요?"

"잘 운영되면요. 가맹점과 본부 둘 다 돈을 버는 윈윈 구조가 만들어지면 그렇겠죠. 하지만 심각한 문제가 또 있어요. 가맹점은 본부의 비결을 배워 가게를 경영하잖아요? 그런데 시간이 흐르면 어느 순간 '졸업'하고 싶다는 생각이 들어요."

"졸업이요?"

"처음에는 비결을 전수받아 경영했지만 혼자서도 잘하는 수준이 되면 매달 나가는 로열티가 아까워져요. 그래서 몇 년 후에는 가맹점에서 탈퇴하는 곳도 많아요. 그러니까 본부에서는 가맹점과의 관계를 계속해나가면서 졸업하지 못하도록 구조를 마련해야 해요."

"그렇겠네요. 돈을 버는 비결뿐만 아니라 본부와 가맹점 간의 관계를 구축하기 위해서도 여러 가지 비결이 필요하겠군요."

"무엇보다 마음가짐이 중요해요. 성공을 거둔 프랜차이즈는 본부와 가맹점이 공통된 가치관을 갖고 있고, 또 끈끈한 유대 관계를 맺고 있어요."

"그렇군요. 그래서 '바리오개발'은 자사의 가치관을 공유할 가맹점을 모집하고 있는 거죠?"

"노인요양보호사업은 앞으로 더 성장할 사업이므로 경쟁이 심해질 거예요. 시장 점유율을 놓고 서로 싸우기보다는 프랜차이즈 계약을 맺어서 채용과 가격에서 '적을 만들지 않는다'는 전략을 펴고 있어요. 진입 장벽을 더 공고하게 하는 거죠."

"감탄할 만하네요."

"이 '바리오개발' 사례를 통해서 하고 싶은 말은 중소기업에는 중소기업 나름의 이기는 전략이 있다는 거예요. 힌트를 주자면 '무엇으로든 넘버원이 되는 것'이 중요해요. 거창하지 않아도 돼요. 지역이라든지 인기 메뉴라든지 어떤 것이든 상관없어요. 지바(千葉) 현 내에서 여성 운전자가 가장 많은 트럭운송회사, 지역에서 월급을 가장 많이 주는 보습학원, 심지어 화장실을 가장 많이 보유한 가게 등 뭐든지 좋으니 무엇으로든 넘버원이 되는 거예요."

"넘버원이라……."

"그게 가능하다면 아무리 작은 회사라도 큰 기업을 이길 수 있어요. 철저하게 실천하면 돼요. 그리고 넘버원을 계속해서 만들어가는 거예요. 최대한 많은 분야에서 넘버원이 되는 거죠. 그러다 보면 반드시 결과가 나오게 돼 있어요."

"저도 한번 생각해볼게요. 우리 가게 '넘버원'은 무엇인지."

요스케는 자못 진지한 표정으로 말했다.

절대 양보할 수 없는
단 하나의 무기만 있으면 된다

사쿠라코가 천천히 요스케의 눈을 바라보면서 말했다.

"역시 요스케 씨의 무기는 '수프카레'라고 생각해요."

돈도 못 버는 가게라고 타박만 하던 사쿠라코가 수프카레를 칭찬하자 요스케는 묘한 기분이 들었다.

"그거 '진짜' 맛있거든요. 전국을 돌며 각지의 산해진미를 맛본 내가 하는 말이니 믿어도 돼요. 넘버원으로 손색없어요."

"고맙습니다……."

'왜 이 대목에서 눈시울이 뜨거워지는 걸까.'

"내가 이 가게에 몇 번이나 방문해 경영과 관련한 것들을 조언하고, 주제넘게 참견하는 건 요스케 씨가 좀 더 열심히 해줬으면 좋겠다는 생각이 들어서예요. 안 그러면 너무 아깝잖아요. 이렇게 맛있는 수프카레를 사람들에게 널리 알리지 못하고 망하면 어떡해요."

"정말 감사합니다……."

"다른 건 다 양보해도 카레 맛은 절대 양보하면 안 돼요. 맛있는 카레로 손님들을 기쁘게 하고 싶죠? 비록 돈은 못 벌어도 손님들의 웃는 얼굴에서 보람을 느끼고 의욕이 솟아나죠? 그게 바로 '마음가짐'의 원천이에요. 이제는 그걸 실천으로 옮겨 결실을 봐야 해요."

"네, 알겠어요……."

요스케는 벅차오르는 기쁨에 어쩔 줄을 몰랐다.

'내게도 분명한 마음가짐이 있었다. 인생을 걸어서라도 반드시 이루고 싶은 게 있었다. 그건 바로 이 수프카레를 많은 손님에게 맛보게 하고, 그들에게 기분 좋은 추억을 남기는 것이다. 수프카레 한 그릇으로 건강을 선사하고 싶다. 아니, 이 수프카레 한 그릇으로 우리나라를, 세계를 건강하게 만들고 싶다. 마음가짐이라면 내게도 있다!'

"마음가짐을 실현하기 위해 '돈이 벌리는 구조'가 있는 거예요."

"네, 한번 열심히 해볼게요. 정말이에요!"

요스케의 진지한 태도에 머쓱해진 사쿠라코가 웃으면서 말했다.

"마지막으로 돈에 대한 제 신념을 말해줄게요. 돈을 번다는 의미의 한자 '저(儲)'는 왼쪽에 '믿을 신(信)', 오른쪽에 '사람 자(者)'를 써요. 돈 버는 걸 마치 나쁜 일처럼 말하는 사람도 있지만 내 생각은 달라요. 돈을 번다는 건 '신자(信者)', 즉 팬을 만드는 일이라고 생각해요."

"신자와 팬이라."

"자신의 마음가짐을 실천하면서 신자를 늘려가는 과정이에요. 돈을 벌지 못하면 사업을 계속할 수 없고, 계속 사업을 하지 않으면 마음가짐을 실천할 수도 없죠. 그래서 돈을 버는 거예요. 어때요? 단순 명료하죠?"

"사쿠라코 씨……."

"사람을 모으면 돈이 모이고, 돈이 모이면 사람이 따르는 법이에요. 남자로 태어난 이상 이 세상에 이름을 날려야 하지 않겠어요? 안 그러면 힘들게 낳아주신 어머님에게 면목이 없잖아요."

그렇게 말하고 사쿠라코는 살짝 웃었다. 마치 엄마의 미소처럼 모든 걸 포근하게 감싸주는 온화한 얼굴이었다.

'나는 오늘을 평생 잊지 못할 거야.'

요스케가 이렇게 생각한 순간, 가게 문이 열렸다.

"어서 오세요. 아니……."

문 앞에는 아유미와 가나가 서 있었다. 말문이 막혀 멍하니 서 있는 요스케에게 사쿠라코가 밝은 목소리로 말했다.

"내가 오라고 했어요. 금방 차를 갖고 올 테니까 오늘은 일찍 가게 문을 닫고 드라이브라도 가는 게 어때요?"

지키고 싶은 것들을
되찾다

사쿠라코는 가나와 모래사장을 걸었다. 해변 도로를
따라 달리던 중 가나가 바다를 보고 싶다고 졸라 잠시 쉬었다 가
기로 했다. 사쿠라코는 요스케 부부를 차에 남겨두고 가나와 밖으
로 나왔다. '초등학교 2학년인데 이렇게 생각이 깊을까' 하고 사쿠
라코는 감탄했다. 가나 덕분에 요스케와 아유미는 오랜만에 두 사
람만의 시간을 갖게 됐다.

바닷바람에 가나의 부드러운 머리카락이 나부낀다. 저 멀리 보이
는 에노시마[江ノ島]의 모습을 손가락으로 가리키면서 가나가 사쿠

라코에게 물었다.

"저 섬에는 뭐가 있어요?"

"아마 신사(神社)와 전망대가 있었던 것 같아. 저기 보이는 다리 위를 걸어서 건널 수 있어."

"우와, 다음에 엄마 아빠와 같이 가볼래요."

가나는 지금 이 순간을, 아니 앞으로도 엄마 아빠와 함께 보낼수 있길 간절히 바라고 있다. 사쿠라코는 길가에 세운 자동차로 시선을 돌렸다. 차 안은 보이지 않았다. 요스케는 그의 본심을 아유미에게 잘 전하고 있을까. 서로에게 싫증이 나서 별거한 건 아니다. 지금도 서로를 사랑하고 있다. 부디 어린 딸 가나를 위해 마음을 열었으면 좋겠다고 생각한 찰나 차 문이 열렸다. 아유미가 차에서 내려 손을 크게 흔들었다.

"가나~!"

아유미의 얼굴은 화사한 웃음을 띠고 있었다. 엄마의 웃는 얼굴을 본 가나는 뭔가를 눈치챈 듯이 환하게 웃으며 모래사장을 가로질러 아유미에게 달려갔다. 요스케 역시 차에서 내려 딸에게 손을 흔들었다. 그의 얼굴에도 웃음이 가득 했다.

"가나~!"

요스케는 큰 목소리로 딸의 이름을 부르면서 두 팔을 벌려 열심히 흔들었다. 그런 남편의 모습을 아유미는 흐뭇하게 바라보았다.

'두 사람은 이제 괜찮은 거야.'

사쿠라코는 기쁜 마음으로 가나의 뒤를 따라갔다. 출렁이는 바다를 뒤로하고 모래사장을 가로질러 차를 세워둔 곳으로 걸어갔다. 그때였다. 모래사장이 끝나고 아스팔트 도로가 시작되는 돌계단에서 갑자기 가나가 몸을 웅크리고 주저앉았다. 요스케와 아유미가 놀라서 바로 달려왔지만, 가나는 다시 힘차게 일어섰다. 가나의 손에는 길가에 핀 흰색의 작은 꽃이 들려 있었다. 가나는 그 꽃을 요스케에게 건넸다.

"이거, 아빠 주는 거야?"

요스케가 꽃을 받으면서 기쁜 목소리로 말했다.

"아니."

가나는 요스케의 귓가에 작은 얼굴을 갖다 대고 말했다.

"이거 엄마한테 주면서 화해하자고 해."

대기업을 이기는 작은 회사의 전략

'바리오개발'의 이기기 위한 전략은 다음과 같습니다.

- 도미넌트 전략
- 타깃의 차별화
- 지역에서 가장 저렴한 가격
- 대기업이 모방하기 어려운 소규모 시설
- 지역에서 가장 높은 급여 수준

이 전략에는 작은 회사라도 넘버원이 될 수 있는 비결이 가득 담겨 있습니다. 넘버원이 되는 건 물론 어렵지만, 대기업과 싸우지 않고 살아남기 위해서는 필요한 전략입니다. 5장에서 소개했던 햄버거 가게 '해피 피에로'도 하코다테에만 지점을 내는 도미넌트 전략을 실천했어요.

'바리오개발'의 노인요양보호시설이 있는 이바라키 현은 저출산, 고령화 등의 영향으로 대기업부터 중소기업에 이르기까지 많은 기업이 시장 진입을 시도하는 격전지입니다. 그 치열한 경쟁에서 살아남기 위해 '바리오개발'은 지역을 선택, 집중적으로 공략해서 가장 먼저 시장 점유율 1위를 차지했어요. 그 후에 주도적으로 가격 결정권을 행사했고, 소규모 시설로 차별화를 시도하는 한편 다른 업체보다 높은 급여 수준으로 다른 기업의 진입 장벽을 높였습니다.

이 회사의 사장님은 이론으로 배운 경영 전략을 충실하게 실천했습니다. 지식을 행동에 옮기는 건 쉬운 일이 아닙니다. 실천해야 지식도 그 가치를 발휘합니다. 그저 이론으로만 배우고 끝낸다면 새로운 미래를 맞이할 수 없습니다.

요스케 씨는 저를 만난 후 다양한 지식을 얻었습니다. 그 이론을 앞으로 어떻게 실천에 옮길 것인가, 이제부터가 그의 인생에 중요한 고비가 될 것입니다. 아유미와도 화해했고 딸 가나는 매우 기뻐했습니다. 가족의 사랑과 지지는 요스케 씨에게 큰 에너지원이 될 겁니다. 요스케 씨의 가정, 사업, 그리고 인생에 과연 봄날이 올까요?

:

제7장

경쟁의 한가운데로
과감히 들어가다

삿포로의 가장 낡은 건물에서
맛보는 수프카레

:

수프카레 본고장에서
승부를 걸다

어느 봄날 아침, 사쿠라코는 언제나 그랬듯이 사무실에 출근해서 경제 신문을 훑어보고 있었다. 그리고 기사 하나가 눈에 들어왔다.

'수프카레 마에시바쇼텐[前芝商店]의 진격! 홋카이도 지역 올해의 미식가상 수상!'

요스케가 '카페 보텀'을 정리하고 아유미와 가나와 함께 고향인 홋카이도로 돌아간 지 3년이 되어간다. 사쿠라코는 요스케와 대화를 나누던 날들을 다시 떠올려보았다. 홋카이도로 돌아간 요스케는 사쿠라코에게 배운 지식을 하나씩 실천하고 있었다.

요스케는 일단 삿포로의 외곽 지역에 낡은 민가를 임대해서 '수프카레 마에시바쇼텐'이라는 가게를 개업했다. 왜 하필 낡은 민가를 임대했냐면, 돈이 없어서 어쩔 도리가 없었다. 그런데 그 낡은 가게의 외관이 지나가는 사람들의 눈길을 끌었다.

'엄청나게 낡은 건물에서 맛보는 엄청나게 맛있는 수프카레.'

건물의 낡은 정도로 치면 '넘버원'이었던 요스케의 가게는 텔레비전 방송국의 흥미를 끌었다.

"무엇으로든 넘버원이 되는 게 중요해요."

위와 같이 말했던 사쿠라코의 조언을 충실하게 따른 걸까? 아니면 돈이 없어서 그런 곳밖에 빌릴 수 없었던 상황이 전화위복이 된 걸까? 어느 쪽이든 상관없다. 어쨌거나 행운의 여신은 요스케의 편이 되어주었으니까.

요스케는 경쟁이 치열한 삿포로에서 가게를 열었다. 새로운 수프카레 가게가 생기면 그 지역의 까다로운 미식가들은 반드시 시식하러 간다. 새우로 육수를 낸 특제 수프가 요스케표 수프카레의 특징이었다. 큼지막한 채소와 고기가 들어간 요즘 수프카레 스타일은 '마에시마쇼텐'이 유행시켰다고 할 수 있다.

'마에시바쇼텐'의 수프카레는 순식간에 유명해졌다. 차를 몰고 와야 하는 곳이었지만 그만한 정성을 들여도 아깝지 않을 만큼 맛있다고 소문이 났다. 가게 앞 주차장은 손님들이 몰고 온 자동차로 늘 북적거렸다.

'대기 시간 최대 여덟 시간'이라는 소문은 새로운 손님을 끌어모았고, 가게 앞은 기다리는 사람들로 줄이 길게 늘어섰다. 부부가 힘겹게 꾸려가던 가게는 눈 깜짝할 사이에 문전성시를 이루었다.

오랫동안 줄을 서서 기다린 끝에 맛본 수프카레 맛에 많은 이들이 감동했다. 그들은 자신의 블로그에 '마에시바쇼텐'을 포스팅했고, 포스팅을 본 또 다른 관광객들은 자가용이나 지하철을 타고 일부러 가게를 찾아왔다. '마에시바쇼텐'은 나날이 번창했다.

"낚시꾼은 고기가 있는 곳으로 이동하는 법이에요."

사쿠라코의 조언을 요스케는 기억하고 있었다. 수프카레를 무기로 요스케가 선택한 곳은 쟁쟁한 맛집들이 경쟁하는 삿포로였다. 수프카레를 잘 아는 사람들이 사는 도시를 택한 것이다. 그저 그런 후발 업체였다면 치열한 경쟁에서 낙오됐을지도 모른다.

하지만 요스케는 '맛'에 대해서는 자신이 있었다. 수프카레라면 예나 지금이나 누구에게도 이길 자신이 있었다. 특히 새우로 만든 수프카레만큼은 일품이었다.

또한 요스케는 '홋카이도산 재료'를 쓰는 전략을 고수했다. 이를 전면으로 내걸고 홍보했다. 홋카이도의 농가를 직접 찾아가 그에게 합격점을 받은 채소와 고기만 사들였다. '마에시바쇼텐'에 재료를 납품하는 생산자는 자부심을 느꼈다. 요스케의 '마에시바쇼텐'은 그 정도로 영향력을 발휘하는 가게가 되었다.

가격은 그런 노력에 합당한 금액으로 정했다. 하지만 '마에시바쇼텐'의 수프카레가 다른 가게보다 천 원 더 비싸다고 해서 불만스러워하는 손님은 없었다. 이미 그 지역에서 가격 결정권을 행사하는 위치에 올랐기 때문이다. 원가 계산도 이제는 척척 해냈다.

'마에시바쇼텐'은 홋카이도의 대표적인 수프카레 전문점이 되었다. 매스컴에 자주 노출됐고 지역 주민들에게도 큰 사랑을 받았다. 신문 기사에 실린 '홋카이도 지역 올해의 미식가상' 수상도 당연한 결과였다.

직영점은 삿포로에 두 곳, 그리고 아사히카와와 하코다테를 합쳐서 모두 네 곳이다. 프랜차이즈 본부를 설립했고, 홋카이도 내에서 여덟 개의 점포가 영업 중이다. 모두 합하면 열두 개의 점포가 되는데, 이거야말로 훌륭한 도미넌트 전략이 아니겠는가. 게다가 열두 개의 점포 모두 낡은 민가를 리모델링하거나 그렇게 보이게끔 최초의 가게 이미지와 통일시켰다. 낡은 건물은 '마에시바쇼텐'의 상징이 되었다.

'많이 성장했네. 처음에는 프랜차이즈의 의미조차 몰랐는데.'

사쿠라코는 예전의 요스케를 떠올리면서 살짝 미소 지었다.

신문에는 사쿠라코도 몰랐던 최신 정보가 실려 있었다. '마에시바쇼텐'이 서브스크립션 커머스 서비스를 시작했다는 게 아닌가. 홋카이도의 농가와 손을 잡고 한 달에 한 번 '이달의 수프카레'를 배달했다. 수프, 채소, 고기가 담긴 봉지를 잘라 끓이면 '마에시바쇼텐'의 수프카레를 집에서도 즐길 수 있었다. 게다가 '마에시바쇼텐'과 계약을 맺은 여러 농가도 이익을 얻었다. 원원하는 구조였다.

'홋카이도의 맛을 전국의 많은 이들에게 전하고 싶습니다.'

기사는 요스케의 희망을 담은 메시지로 마무리되었다.

"제법인데, 요스케 씨."

공부해서 지식을 쌓는 건 누구나 할 수 있다. 중요한 건 실천에 옮기느냐 마느냐이다. 요스케가 새로 개업한 가게 경영에 필사적으로 몰두했다는 사실을 사쿠라코는 알 수 있었다.

'내게 배운 지식을 이토록 철저하게 실천에 옮길 줄이야.'

사쿠라코는 요스케의 재능을 발견한 자신의 안목이 틀리지 않았음을 깨달았다.

"어, 요스케 씨 아니에요?"

옆자리에 앉은 가와다가 신문 기사에 얼굴을 들이밀었다.

"옛날 생각나네. 삿포로 출장이 언제였지? 오랜만에 먹으러 가볼까, 요스케 씨 수프카레?"

"벌써 점포가 열두 개라니, 연 매출은 100억 원 정도 되려나."

"무슨 소리야, 아직 멀었어. 앞으로 더 잘나갈 거니까."

사쿠라코는 신문을 탁탁 접으면서 냉정한 표정으로 말했다.

"이 추세라면 홋카이도 내에 프랜차이즈 점포를 50개 정도는 낼수 있어. 그것도 2년 안에 말이야."

"선배가 그 카페 주인의 잠재력을 용케 꿰뚫어봤군요."

"그런 게 아니야. 내가 늘 말하잖아."

사쿠라코는 웃으면서 말했다.

"돈 버는 건, 사실 어렵지 않다고."

가와다가 휘이익, 하고 휘파람을 불었다.

"또 그 소리네요. 누가 선배 아니랄까 봐. 자, 이제 새로운 클라이언트가 맡긴 일을 할 시간이에요. 지금 출발해야 해요. 이번에는 연매출 100억 원짜리 전통 과자점이에요."

"열 배로 늘리면 천억 원은 되겠네. 기대되는걸."

사쿠라코는 자리에서 일어나 가방에 넣은 서류를 확인하고 가와다와 함께 사무실을 나섰다.

벚꽃이 빌딩 사이로 부는 바람에 나부끼더니 회오리치듯 하늘로 날아올랐다. 사쿠라코는 하늘을 올려다봤다. 도쿄타워 주위를 마치 벚꽃 회오리가 감싸고 있는 것 같았다.

주차장에서 나온 가와다가 사쿠라코 앞에 차를 세웠다. 사쿠라코는 뒷좌석 문을 열고 가벼운 몸놀림으로 차에 올라탔다. 두 사람을 태운 차는 도심을 향해 벚꽃 회오리 저편으로 사라져갔다.

"무슨 소리야,

아직 멀었어.

앞으로 더 잘나갈 거니까."

돈을 버는 건 누군가를 기쁘게 하는 일이다

제게는 인생을 가르쳐주신 스승이 있습니다. 그 스승에게 '장사'는 다른 이에게 기쁨을 주는 것이고, 그랬을 때 비로소 돈이 벌린다고 배웠습니다. 돈을 벌기 위해서는 사람들을 기쁘게 할 줄 알아야 합니다.

만약 돈이 벌리지 않는 악순환에 빠지면 고객을 기쁘게 하는 일을 우선순위에 두기 어렵습니다. 경영자는 회사의 존속과 자신의 생활을 우선하고, 영업 사원은 실적을 중요하게 생각하기 때문입니다.

돈벌이의 구조를 쉽게 이해할 수 있도록 쓴 이 책의 주제는 '계속성'입니다. 고가의 물품을 기쁜 마음으로 계속 사게 하려면 어떻게 해야 할까. 그 질문에 대한 해답을 이 책에 담았습니다.

계속성만이 아닙니다. 회사에는 '사명'과 '책임'이 있습니다. 고객과의 관계를 유지해야 기업은 존속할 수 있고, 또 그래야만 회사의 사명과 역할을 계속해나갈 수 있습니다. '우리 회사만 할 수 있는 역할을 계속해나가겠다'는 각오가 있어야 비로소 고객이 흔쾌히 지갑을 여는 구조가 만들어집니다. 다시 말해 그런 구조에 바탕을 둔 비즈니스 모델이 중요합니다.

또한, 성공하기 위해서 반드시 알아야 할 것이 있습니다. 바로 사람과 사람 사이의 관계, 즉 '인연'입니다. 등장인물인 마에시바 요스케는 도야마 사쿠라코를 만나면서 인생이 크게 바뀌었습니다. 만나는 사람이 누구냐에 따라 인생이 바뀔 수 있다는 사실을 두 사람의 이야기를 통해 전달하고 싶었습니다.

저 역시 인생의 큰 은인을 만나 삶이 바뀌었습니다. 제 스승은 주식회사 채러티(CARITY)와 산리(SANRI)의 회장인 니시다 후미오[西田文郎]입니다. 그분을 만나지 않았다면 비즈니스 모델 사업에 종사하지 않았을 것이고, 이 책을 쓰지도 않았겠지요. 그분과의 인연은 제게 매우 소중한 자산입니다.

이 책에 등장하는 인물들의 모델이 돼주신 르 노르(Le-Nord)의 후지타 미치오[藤田美知男] 사장님, SC홀딩스의 마쓰모토 사토시[松本智] 사장님, 럭키 피에로의 오 이치로[王一郎] 사장님, 오 미쿠[王未來] 부사장님, 내추럴 키친의 오카다 노부키[岡田信樹] 회장님께 감사의 말씀을 전합니다. 그분들은 이 책에 언급한 여러 경영 기법을 현실에서 몸소 실천하고 계십니다. 오로지 고객에게 기쁨을 주기 위해서요.

마지막으로 주인공인 마에시바 요스케, 즉 삿포로에서 '수프카레 오쿠시바쇼텐[奧芝商店]'을 경영하는 오쿠시바 요스케[奧芝洋介] 씨는 비즈니스 모델 학원에서 제가 가르친 학생입니다. 저와는 공사를 막론하고 가깝게 지내는 실재 인물입니다. 사실 책에 묘사된 것보다 더 똑똑하고 우수한 경영자입니다.

이 책을 읽고 많은 분들이 장사와 사업은 재미있는 것이라고 여겼으면 좋겠습니다. 또 고객에게 기쁨을 주는 기업이 많아지기를 진심으로 바랍니다. 마지막 페이지를 덮고 머릿속에 '돈 버는 건 의외로 쉬운 일인지도 몰라'라는 생각이 든다면 더할 나위 없이 기쁠 것 같습니다.

"돈이 들어오는 구조만 알면

돈 버는 일은 쉬워집니다."

옮긴이 동소현

한국외국어대학교 일본어과를 졸업하고 동 대학 통역대학원에서 통번역을 전공한 후 동 대학 교육대학원을 거쳐 박사학위를 취득했다. 현재 한국외국어대학교 등에 출강하고 있으며, 다수의 드라마 및 영화 자막을 번역하는 전문 번역가로 활동 중이다.

성공하는 가게의 무조건 팔리는 비법

작은 가게의 돈 버는 디테일

초판 1쇄 발행 2016년 5월 16일
초판 5쇄 발행 2017년 1월 26일

지은이 다카이 요코
옮긴이 동소현
펴낸이 김선식

경영총괄 김은영
책임편집 마수미 **크로스 교정** 김상훈 **책임마케터** 최혜령, 이승민
콘텐츠개발4팀장 김선준 **콘텐츠개발4팀** 황정민, 윤성훈, 마수미, 김상훈
전략기획팀 김상윤
마케팅본부 이주화, 정명찬, 최혜령, 양정길, 최혜진, 박진아, 김선욱, 이승민, 김은지, 이수인
경영관리팀 허대우, 권송이, 윤이경, 임해랑, 김재경

펴낸곳 다산북스 **출판등록** 2005년 12월 23일 제313-2005-00277호
주소 경기도 파주시 회동길 357 2, 3층
전화 02-702-1724(기획편집) 02-6217-1726(마케팅) 02-704-1724(경영지원)
팩스 02-703-2219 **이메일** dasanbooks@dasanbooks.com
홈페이지 www.dasanbooks.com **블로그** blog.naver.com/dasan_books
종이 한솔피엔에스 **출력·제본** 갑우문화사

ISBN 979-11-306-0818-1 (03320)

다산북스(DASANBOOKS)는 독자 여러분의 책에 관한 아이디어와 원고 투고를 기쁜 마음으로 기다리고 있습니다.
책 출간을 원하는 아이디어가 있으신 분은 이메일 dasanbooks@dasanbooks.com 또는 다산북스 홈페이지 '투고원고'란으로 간단한 개요와 취지, 연락처 등을 보내주세요. 머뭇거리지 말고 문을 두드리세요.